以人民为中心：新时代司法体制改革的回顾与展望

陈衍桥　著

·广州·

版权所有　翻印必究

图书在版编目（CIP）数据

以人民为中心：新时代司法体制改革的回顾与展望/陈衍桥著.—广州：中山大学出版社，2022.12
ISBN 978－7－306－07660－1

Ⅰ.①以… Ⅱ.①陈… Ⅲ.①司法制度—体制改革—研究—中国 Ⅳ.①D926.04

中国版本图书馆 CIP 数据核字（2022）第 239853 号

YI RENMIN WEI ZHONGXIN

| 出 版 人：王天琪
| 策划编辑：嵇春霞
| 责任编辑：罗雪梅
| 封面设计：周美玲
| 责任校对：卢思敏
| 责任技编：靳晓虹
| 出版发行：中山大学出版社
| 电　　话：编辑部 020－84110283，84113349，84111997，84110779，84110776
| 　　　　　发行部 020－84111998，84111981，84111160
| 地　　址：广州市新港西路 135 号
| 邮　　编：510275　　　　传　真：020－84036565
| 网　　址：http://www.zsup.com.cn　　E-mail:zdcbs@mail.sysu.edu.cn
| 印 刷 者：广州方迪数字印刷有限公司
| 规　　格：787mm×1092mm　1/16　14.625 印张　216 千字
| 版次印次：2022 年 12 月第 1 版　2022 年 12 月第 1 次印刷
| 定　　价：52.00 元

如发现本书因印装质量影响阅读，请与出版社发行部联系调换

以奋斗的青春，致敬平凡的岁月！

目　　录

第一章　新时代司法体制改革的举措与成效…………………… 1
　　第一节　法治建设中的司法体制改革……………………… 3
　　第二节　新时代司法体制改革的成果……………………… 14

第二章　新时代影响司法公正的顽疾与沉疴………………… 28
　　第一节　宏观审视：影响司法公正的九项顽疾…………… 28
　　第二节　立体探究：查摆五大领域内的沉疴问题………… 31
　　第三节　应对影响司法公正九大顽疾的经验梳理………… 100

第三章　新时代司法体制改革的体系化策略………………… 109
　　第一节　深化刑事诉讼制度改革，提升人民群众的
　　　　　　幸福指数…………………………………………… 109
　　第二节　推进民事司法体制改革，满足人民群众的
　　　　　　司法需求…………………………………………… 119
　　第三节　完善行政诉讼体制机制，助推行政法治
　　　　　　现代化进程………………………………………… 128
　　第四节　聚力司法行政严管严治，赋能司法行政
　　　　　　高质量发展………………………………………… 131

第四章　新时代司法体制改革的制度化建议………………… 137
　　第一节　规范公安机关执法行为，提升公安执法效能…… 137
　　第二节　破解体制性机制性障碍，维护社会公平正义…… 141

第三节　解决制约司法能力的问题，提高诉讼服务水平……146
第四节　贯彻以人民为中心理念，推进全面依法治国………151

附　　录……………………………………………………154

参考文献……………………………………………………219

后　　记……………………………………………………227

第一章　新时代司法体制改革的举措与成效

法治，无论是作为一种政治理念、一种治国方略，还是作为法学的一个基本范畴，都可以说是源远流长。无论是作为治国方略，还是作为依法办事的原则，法治最终都将变现为一种法律秩序。达到某种法律秩序，既是法治的目标和结果，也是检验是否厉行法治的一个重要标准。当然，法治不是单纯的法律秩序。不是任何一种法律秩序都称得上法治状态，法治是有其特定价值基础和价值目标的法律秩序。"法治"是一个有着无比重要的启蒙价值和制度含义的词汇。一个完整的"法治"概念，同现代的社会制度文明密不可分，现代的法治意味着对权力的限制、对权力滥用的防范、对公民自由与权利的平等保护等；意味着政府的立法、行政、司法以及其他机构的活动必须服从法律的一些基本原则。法治要求政府维护和保障法律秩序，但首先政府必须服从法律的约束；法治还要求人民服从法律，但同时要求人民服从的法律必须建立在尊重和保障人权的基础之上。在此意义上的"法治"，是一个内含民主、自由、平等、人权、理性、文明、秩序、正义、效益与合法性等社会价值的综合观念。在这意义上使用的"法治"是现代社会特有的意识形态，是一切制度化行为和制度安排应当与之相适应的"主义"。[1]

全面依法治国是中国特色社会主义的本质要求和重要保障。党的十八大以来，以习近平同志为核心的党中央从全局和战略高度对全面依法治国做出了一系列重大决策部署，推动了我国社会主义法治建设发生历史性变革，取得了历史性成就，全面依法治国实践取得了重大进展。

---

[1] 参见张文显《法哲学范畴研究》，中国政法大学出版社2001年版，第145—156页。

司法责任制综合配套改革是司法体制改革的重要内容，事关司法公正高效权威。①要确保改革任务落地见效，真正"让审理者裁判、由裁判者负责"，提高司法公信力，努力让人民群众在每一个司法案件中感受到公平正义。只有做到执法司法公正、高效、权威，才能真正发挥好法治在国家治理中的效能。②要加强对法律实施的监督，深化司法体制配套改革，推进严格规范、公正文明执法，努力提升执法司法的质量、效率、公信力，更好地把社会主义法治优势转化为国家治理效能。党的十八大以来，以习近平同志为核心的党中央从推进国家治理体系和治理能力现代化、建设中国特色社会主义法治体系的高度，对深化司法体制改革做出了系统化的顶层设计，把我国司法体制改革推进到了一个新的历史阶段。在经历了波澜壮阔的司法体制改革"立柱架梁"阶段之后，我们进入一个新的时代。就司法改革而言，在这个新时代里，更需要在主体框架基础上对法治大厦进行"精装修"，对改革成果进行深加工，一直坚持到大功告成之日。①

如果要给当代中国的司法改革划分阶段的话，2013年是一个重要的分界点。党的十八大特别是党的十八届三中全会以来，中国的各项事业发生了历史性变革，取得了历史性进步，司法改革当之无愧地成为其中最值得称道的。党的十八届三中全会做出了全面深化改革的部署，党的十八届四中全会做出了全面推进依法治国的决定，中国的司法改革从此进入一个全新的时期。党的十九大召开前，中央全面深化改革委员会共召开了38次会议，其中有30次会议围绕司法改革的议题进行了讨论，通过了48个关于司法改革的文件，改革的重点都是那些基础性、体制性、保障性的问题，多项改革同时部署、同时推进。与此同时，党的十八届四中全会要求"推进法治理论创新，发展符合中国实际、具有中国特色、体现社会发展规律的社会主义法治理论，为依法治国提供理论指导和学理支撑"。党的十九大报告鲜明提出"深化司法体制综合配套改革，全面落实司法责任制，努力让人民群众在每一个司法案件中感受到公平正义"。党的十九届三中全

---

① 参见蒋惠岭《司法改革的知与行》，法律出版社2018年版，第198页。

会通过的《中共中央关于深化党和国家机构改革的决定》提出，"深化司法体制改革，优化司法职权配置，全面落实司法责任制，完善法官、检察官员额制，推进以审判为中心的诉讼制度改革，推进法院、检察院内设机构改革，提高司法公信力，更好维护社会公平正义，努力让人民群众在每一个司法案件中感受到公平正义"。"站在新的起点扬帆起航，司法体制改革有了更加清晰的坐标航向。汲取中华法律文化精华，借鉴国外法治有益经验，但绝不照搬外国法治理念和模式。"根据这一要求，我们必须加强我国的司法改革理论研究，对相关问题应继续想下去、继续讲下去、继续做下去。

第一节 法治建设中的司法体制改革

理国要道，在于公平正直；公平正义是司法执法工作的生命线。古人说："尽公者，政之本也；树私者，乱之源也。"从党的十八大提出"进一步深化司法体制改革"，到党的十九大要求"深化司法体制综合配套改革"，以习近平同志为核心的党中央从全面推进依法治国、实现国家治理体系和治理能力现代化的高度，擘画司法体制改革的宏伟蓝图，加快建设公正、高效、权威的社会主义司法制度。党的十八大以来，司法体制改革在法院、检察院的设置上做足了文章，在司法领域树立了一个个标杆，建起了一块块试验田，为司法机关在推动国家治理体系和治理能力现代化当中承担其使命贡献力量。党的十八大以来，我国司法体制改革攻坚克难，人权司法保障水平不断提高，人民群众切实感受到公平正义就在身边。

在党中央的领导下，司法体制改革正在积极稳妥地推进。目前，一些改革方案已经出台，一些重要改革举措已经全面推行，一些重大改革任务已经开展试点，一些改革事项正在研究论证，司法体制改革已经取得突破性进展和明显成效。①

回望改革历程,从顶层设计到基层试点,从健全司法权力运行机制到合理配置司法职权,从提高司法透明度到加大人权司法保障力度,一系列举措让人民群众在每一个司法案件中都感受到了公平正义。这是一场气势恢宏的改革,是司法领域一场触及灵魂的革命,为新时代推进全面依法治国的壮丽图景增添了浓墨重彩的一笔。

一、司法管理体制改革有序推进

司法管理体制是司法体制的重要组成部分,司法管理体制改革是司法体制改革的重要内容。党的十八大以来,党和国家在司法管理体制方面出台了一系列改革举措,为司法机关和司法人员依法独立、公正地行使职权提供了制度保障。②

(一) 确保依法独立公正行使审判权和检察权

本轮司法体制改革通过一系列的体制和机制改革,增强了司法机关的依法独立性。第一,推动省以下地方法院检察院人财物统一管理。在人、财、物方面,本轮司法体制改革遵循循序渐进的原则,省级以下地方人财物由省一级统一管理。③ 第二,推进行政区划与司法辖区的分离。经全国人大常委会批准,北京、上海首批试点设立跨行政区划的法院、检察院。此外,最高人民法院除在北京、上海、广州设立知识产权法院以外,还在深圳、沈阳、南京、郑州、重庆、西安设立了巡回法庭,均已正式挂牌办公,目前运行状态良好。

---

① 相关改革进展及成效参见国新网:http://www.scio.gov.cn/xwfbh/xwbfbh/wqfbh/2015/33456/zy33461/Document/1449555/1449555.htm,访问日期:2022年2月20日。
② 参见张金才《党的十八大以来司法体制改革的进展及成效》,载《当代中国史研究》2016年第3期,第4页。
③ 参见孟建柱《深化司法体制改革》,载《人民日报》2013年11月25日第6版。

（二）完善司法人员分类管理和职业保障制度

本轮司法体制改革在司法职业化建设方面取得了积极成效。2015年9月15日召开的中央全面深化改革领导小组（今中央全面深化改革委员会）第十六次会议审议通过了《法官、检察官职务序列改革试点方案》《法官、检察官工资制度改革试点方案》，为建设专业化、职业化法官、检察官队伍提供了制度保障。通过司法人员分类管理改革和员额制改革，将办案力量配置在第一线，整体上提高了司法质量，提升了司法职业化水平。基层法院、检察院职务序列单列后，职级晋升的天花板被打破，法官、检察官迎来了广阔的晋升空间，其职业尊崇感与工作积极性得到了提升。同时，在薪酬待遇方面，按照员额法官、检察官高出同级公务员50%，其他辅助人员、司法行政人员高出20%的比例提高了司法人员的工资水平。①

（三）健全防止人为干扰司法的制度

2015年2月27日召开的中央全面深化改革领导小组第十次会议审议通过了《领导干部干预司法活动、插手具体案件处理的记录、通报和责任追究规定》。同年3月，中共中央办公厅、国务院办公厅印发《领导干部干预司法活动、插手具体案件处理的记录、通报和责任追究规定》，中央政法单位出台《关于进一步规范司法人员与当事人、律师、特殊关系人、中介组织接触交往行为的若干规定》《司法机关内部人员过问案件的记录和责任追究制度》等文件，为司法机关依法独立、公正行使职权提供了制度保障。

为贯彻落实《领导干部干预司法活动、插手具体案件处理的记录、通报和责任追究规定》和《关于进一步规范司法人员与当事人、律师、特殊关系人、中介组织接触交往行为的若干规定》（以下简称"两个规定"），最高人民法院于2015年8月19日发布了实施办法，

---

① 参见陈卫东《十八大以来司法体制改革的回顾与展望》，载《法学》2017年第10期，第7页。

同时要求各高级人民法院依照"两个规定"及其实施办法制定实施细则,并抓好贯彻落实工作。同年11月,中央政法委公开通报了5起领导干部干预司法活动、插手具体案件处理和司法机关内部人员过问案件的典型案件。[①]

(四) 全面深化公安改革

党中央、国务院对公安工作高度重视,对公安队伍建设十分关心。2015年2月,中共中央办公厅、国务院办公厅印发了《关于全面深化公安改革若干重大问题的框架意见》,推动建立系统完备、科学规范、运行有效的公安工作和公安队伍管理制度体系;明确了全面深化公安改革的总体目标,即完善与推进与国家治理体系和治理能力现代化,建设中国特色社会主义法治体系相适应的现代警务运行机制和执法权力运行机制,建立符合公安机关性质任务的公安机关管理体制,建立体现人民警察职业特点、有别于其他公务员的人民警察管理制度。

(五) 深化律师制度改革,依法保障律师执业权利

中央全面深化改革委员会会议先后审议通过了《关于深化律师制度改革的意见》等文件,旨在发挥律师在推动法治建设、依法维护公民和法人合法权益方面的重要作用。同时,中央政法单位出台《关于依法保障律师执业权利的规定》,细化了法律规定,完善了救济机制,强化了律师依法行使执业权利的制度保障,明确了保障律师各项执业权利的具体程序机制,构建了投诉、申诉、控告等律师执业权利救济机制,提升了律师执业权利的保障水平。

---

① 《中央政法委首次通报五起干预司法典型案例》,载《人民日报》2015年11月7日第5版。

二、人权司法保障机制建设成果显著

党的十八大报告将"人权得到切实尊重和保障"确立为全面建成小康社会和深化改革的重要目标之一,党的十八届三中全会通过的《中共中央关于全面深化改革若干重大问题的决定》强调"国家尊重和保障人权",要求"完善人权司法保障制度",这些重要论述和重大部署正是贯彻落实这一系列原则目标提出的新要求、新任务。

(一) 废止劳动教养制度

劳动教养是对被劳动教养的人实行强制性教育改造的一种行政措施。近年来,随着我国法律制度的不断完善,劳动教养制度的功能逐渐被相关法律制度所替代,劳动教养的适用逐年减少乃至基本停用,废止劳动教养制度的社会共识已逐渐形成。2013年12月,全国人大常委会通过了《关于废止有关劳动教养法律规定的决定》,促进了司法文明进步。同时,通过发挥管制、拘役等短期自由刑的教育矫治作用,确保了社会治安形势不受影响。[①] 劳动教养制度的废止是贯彻依法治国方略的必然要求,是强化以法治思维和法治方式管理社会的重要体现,是社会发展进步的必然选择。

(二) 健全错案防止、纠正、责任追究机制

《中共中央关于全面深化改革若干重大问题的决定》提出的"健全错案防止、纠正、责任追究机制"中的"错案"是对一般意义上冤假错案的统称。错案的产生,既有特定历史时期的客观原因,也有司法人员的主观因素。错案对司法公正的损害最大,对公民权利的侵害最大。习近平总书记曾经明确提出,要坚守防止冤假错案的底线,

---

① 参见景汉朝《十八大以来司法体制改革重大成就》,载陈冀平、王其江《董必武法学思想与中国特色社会主义法治理论研究文集》(2018年卷),人民法院出版社2018年版,第9页。

切实维护人民群众合法权益和司法权威。中央政法委及时出台了《关于切实防止冤假错案的规定》，就严格遵守法律程序、加强防止和纠正错案做出了明确规定，建立健全了错案防范机制、错案发现机制、错案纠正机制以及错案责任追究机制，严格遵守证据裁判原则，严禁刑讯逼供、体罚虐待，着力保障犯罪嫌疑人、被告人、罪犯的申诉和控告权，完善错案纠正程序，实行案件质量终身负责制，形成用权受监督、失职要问责的管理体系。

（三）逐步减少适用死刑罪名

死刑是剥夺犯罪人生命的刑罚，是刑罚体系中最为严厉的刑罚方法。适用死刑必须慎之又慎，绝不能错杀。继2011年《中华人民共和国刑法修正案（八）》取消了13个经济性非暴力犯罪的死刑之后，为准确把握打击犯罪与保障人权相结合的司法理念，严格落实我国对罪犯惩罚与教育改造相结合的方针，全国人大常委会于2015年8月审议通过的《中华人民共和国刑法修正案（九）》取消了伪造货币、集资诈骗等9个死刑罪名，并进一步提高了对死缓罪犯执行死刑的门槛。

（四）规范涉案财物处置的司法程序

查封、扣押、冻结是诉讼中的强制性措施，严格依法查封、扣押、冻结、处理涉案财物，对于保障当事人合法权利、保证案件顺利办理具有重要作用。为贯彻落实党的十八届三中全会、十八届四中全会关于规范涉案财物处置司法程序的改革任务，确保涉案财物处理的法治化、规范化、公开化，2014年12月30日召开的中央全面深化改革领导小组第八次会议审议通过了《关于进一步规范刑事诉讼涉案财物处置工作的意见》，进一步规范了刑事诉讼涉案财物处置工作，明确要求应当坚持公正与效率相统一、改革创新与于法有据相统一、保障当事人合法权益与适应司法办案需要相统一的原则，健全了处置涉案财物的程序、制度和机制。

三、司法权运行机制改革逐步展开

(一) 完善人民法院、人民检察院的司法责任制

为贯彻中央关于深化司法体制改革的总体部署,2014年以来,上海等地就完善司法责任制、完善司法人员分类管理、健全司法人员职业保障、推进省以下地方法院检察院人财物统一管理四项改革开展综合试点。2015年8月召开的中央全面深化改革领导小组第十五次会议审议通过了《关于完善人民法院司法责任制的若干意见》和《关于完善人民检察院司法责任制的若干意见》。《关于完善人民法院司法责任制的若干意见》明确了改革的目标原则,即以严格的审判责任制为核心,以科学的审判权力运行机制为前提,以明晰的审判组织权限和审判人员职责为基础,以有效的审判管理和监督制度为保障,让审理者裁判、由裁判者负责,确保人民法院依法独立、公正行使审判权。为了完善人民法院的司法责任制,又做了明确审判组织权限、建立健全符合司法规律的审判权力运行机制、增强法官审理案件的亲历性、确保法官依法独立公正履行审判职责等具体性规定。《关于完善人民检察院司法责任制的若干意见》以完善人民检察院司法责任制为目标,构建公正高效的检察权运行机制和公平合理的司法责任认定、追究机制,健全司法办案组织,科学界定内部司法办案权限,完善司法办案责任体系;坚持检察官办案主体地位与加强监督制约相结合的原则,严格落实"谁办案谁负责、谁决定谁负责",做到权责明晰、权责相当;坚持主观过错与客观行为相一致、责任与处罚相适应。

(二) 积极推进司法公开

为贯彻党的十八届四中全会关于全面推进司法公开的要求,应构建开放、动态、透明、便民的阳光司法机制。最高人民法院大力推进审判流程公开、裁判文书公开、执行信息公开三大平台建设,有力推

动了审判公开向纵深发展。在检务公开方面，人民检察院案件信息公开系统于 2014 年 10 月 1 日开始运行。目前，全国 3600 多个检察院都在这一系统中公开办案流程、办案结果、办案文书，进一步拓宽了人民群众了解、参与、监督检察工作的渠道。在检务信息公开方面，实现了从一般事务性公开到案件信息公开、从静态公开到动态公开、从单向公开向双向公开的转变。[1]

（三）拓宽人民群众有序参与司法的渠道

让公民参与司法、了解司法、影响司法、监督司法进而改造司法，是推进司法改革的有益之举。公民参与司法不仅能促进司法公正、司法民主，还能提升司法公信力、司法能力。[2] 完善人民陪审员、人民监督员制度是党的十八届三中全会、十八届四中全会提出的一项重要改革举措。2015 年 2 月 27 日召开的中央全面深化改革领导小组第十次会议审议通过了《深化人民监督员制度改革方案》；4 月 1 日召开的中央全面深化改革领导小组第十一次会议审议通过了《人民陪审员制度改革试点方案》。本轮司法改革强化了人民陪审员的独立性和参审的实质性。经全国人民代表大会常务委员会授权，人民陪审员制度已在全国 10 个省（区、市）50 个法院先行试点。据统计，2016 年，全国共计 22 万名人民陪审员参审案件 306.3 万件，占一审普通程序案件的 77.2%。[3] 本轮司法改革明确了人民监督员的设置、管理，以及选任机关、选任条件和选任程序。最高人民检察院 2015 年 9 月 5 日印发了《人民监督员监督范围和监督程序改革试点工作方

---

[1] 参见张金才《党的十八大以来司法体制改革的进展及成效》，载《当代中国史研究》2016 年第 3 期，第 8 页；陈卫东《十八大以来司法体制改革的回顾与展望》，载《法学》2017 年第 10 期，第 8 页。

[2] 参见陈卫东《公民参与司法：理论、实践及改革——以刑事司法为中心的考察》，载《法学研究》2015 年第 2 期，第 7—8 页。

[3] 参见周强《最高人民法院工作报告》，载中国人大网（http://www.npc.gov.cn/npc/c12435/201703/011f4806055d4299b4a08d1c6de4a063.shtml），2017 年 3 月 15 日，访问日期：2022 年 2 月 21 日。

案》，确定自 2014 年 10 月至 2015 年 6 月，在人民监督员选任管理方式改革试点地区的检察机关，同步开展人民监督员监督范围和监督程序改革试点工作。

（四）检察机关开展公益诉讼改革试点

探索建立检察机关提起公益诉讼制度是党的十八届四中全会提出的改革任务，2015 年 5 月 5 日召开的中央全面深化改革领导小组第十二次会议审议通过了《检察机关提起公益诉讼改革试点方案》。2015 年 7 月 1 日，十二届全国人大常委会第十五次会议做出《关于授权最高人民检察院在部分地区开展公益诉讼试点工作的决定》，授权最高人民检察院在生态环境和资源保护、国有资产保护、国有土地使用权出让、食品药品安全等领域，在北京、内蒙古等 13 个省（区、市）开展提起公益诉讼试点。针对上述领域中出现的侵害国家和社会公共利益的情况，检察机关应及时提起民事或行政公益诉讼，加强对国家和社会公共利益的保护。

（五）完善维护司法权威的法律制度

司法权威是法治权威的重要体现，维护司法权威，建设公正、高效、权威的中国特色社会主义司法制度，有利于充分发挥社会主义司法的职能作用，更好地定分止争、捍卫公平正义、实现社会和谐。为有效遏制破坏司法权威的行为，《中华人民共和国刑法修正案（九）》扩大了扰乱法庭秩序罪的打击范围，将殴打诉讼参与人，侮辱、诽谤、威胁司法工作人员或者诉讼参与人，毁坏法庭设施，抢夺、毁坏诉讼文书、证据等行为纳入扰乱法庭秩序罪当中，进一步完善了拒不执行判决、裁定罪的规定。为了推动解决执行难的问题，最高人民法院联合多部门不断加大信用惩戒力度，建立了联合信用惩戒机制。同时，最高人民法院郑重承诺"用两到三年时间基本解决执行难"问题，建立了全国统一的执行信息平台和具有广泛社会影响力的"黑名单"制度，与国家发展改革委、人民银行等 44 家单位联合签署了《关于对失信被执行人实施联合惩戒的合作备忘录》，执行力度不断加大。此外，相关部门还提出了 11 类 37 项联合惩戒措施，实际惩戒措施为 100 多项，覆盖了国家管理、市场经济活动的方方面面，提升了惩戒失信行为的广度和深度。①

四、执法司法便民利民举措陆续出台

（一）推行立案登记制改革

推行立案登记制改革是党的十八届四中全会提出的重要举措。2015 年 4 月 1 日召开的中央全面深化改革领导小组第十一次会议审议通过了《关于人民法院推行立案登记制改革的意见》。同年 4 月 15 日，最高人民法院发布该意见，自 5 月 1 日起施行。5 月 1 日至 31 日，全国各级法院共登记立案 113.27 万件，与 2014 年同期的 87.4 万件相比，增长了 29.6%。各地法院高效开展登记立案工作，当场登记立案率达 90%，上海、河南、重庆、甘肃等地超过 95%。一个月来，全国法院登记立案秩序井然，案件入口更加畅通，案件总量增幅接近三成，当场立案率超过九成。②

（二）公安机关出台系列便民举措

公安机关在深化交通管理、户籍管理、出入境管理等方面出台了一系列便民利民举措。2015 年 9 月 15 日召开的中央全面深化改革领导小组第十六次会议审议通过了《关于加强外国人永久居留服务管理的意见》，推动形成更为科学合理、开放务实的外国人永久居留服务管理工作格局。

---

① 参见刘贵祥《加大信用惩戒力度，建立联合信用惩戒机制——〈关于加快推进失信被执行人信用监督、警示和惩戒机制建设的意见〉的解读》，载《人民法院报》2016 年 9 月 26 日第 3 版。

② 《立案不再难，审判压力大》，载《人民日报》2015 年 6 月 10 日第 11 版。

(三) 健全国家司法救助制度

为贯彻落实党的十八大、十八届三中全会精神，切实做好司法过程中对困难群众的救助工作，有效维护当事人的合法权益，保障社会公平正义，促进社会和谐稳定，2014年1月，中央政法委、财政部、最高人民法院、最高人民检察院、公安部、司法部六部委联合印发了《关于建立完善国家司法救助制度的意见（试行）》，为各地开展国家司法救助工作提供了政策指导。开展国家司法救助是中国特色社会主义司法制度的内在要求，是改善民生、健全社会保障体系的重要组成部分。2014年、2015年，中央财政每年下拨7亿元，地方各级财政分别安排救助资金17.7亿元、22.4亿元用于国家司法救助。其中，仅2014年就救助了80042名当事人。①

(四) 完善法律援助制度

完善法律援助制度是党的十八届三中全会、十八届四中全会部署的重点改革任务，也是落实全面依法治国战略部署的重要举措。2015年5月5日召开的中央全面深化改革领导小组第十二次会议审议通过了《关于完善法律援助制度的意见》，该意见坚持以人为本，积极回应民生诉求，扩大民事、行政法律援助覆盖面，加强刑事法律援助工作，实现法律援助咨询服务全覆盖。2015年上半年，全国共受理法律援助案件57.4万件，受援人次65.9万，同比分别增长11.7%和14%。②

完善司法责任制、完善司法人员分类管理、健全司法人员职业保障、推动省以下地方法院人财物统一管理4项改革试点，是中央做出的战略部署。2014年以来，经过一年多的工作，试点的顶层设计不断完善，改革共识日益凝聚，改革工作机制逐步健全，改革成效初步显现。试点工作充分体现了顶层设计与地方实践探索相结合的工作思

---

① 《国家司法救助制度基本建立》，载《光明日报》2015年12月8日第3版。
② 《热词记录2015·政治》，载《人民日报》2015年12月29日第12版。

路。中央及时出台改革意见和试点方案,明确改革方向和政策导向。上海等地通过梳理、提炼先行试点的经验做法,研究制定了几十项改革配套制度,形成了符合中央精神、符合司法规律、符合本地实际的规范性文件,为改革试点的顺利进行提供了保障。各试点地区积极推进,探索可复制、可推广的做法,推动制度创新。比如,上海建立法官检察官遴选委员会,实行差额遴选,确保公开公正;贵州坚持以案定额,把案件数量作为确定法官员额数量的主要标准;上海、广东、海南等地制定法官检察官权力清单制度,明确法官检察官的办案职权;吉林开展内设机构改革,整合业务机构,简化办案组织层级,探索与司法责任制相适应的管理机制。这些做法对进一步推进试点工作具有重要借鉴意义。

在上海等第一批7个试点地区,法官、检察官遴选工作有序推进,司法资源配置更为合理,司法队伍结构得到优化。"让审理者裁判、由裁判者负责"的机制初步建立,优秀人才向办案一线流动的趋势开始显现。改革后,虽然法官的员额受到控制,但一线办案力量得到增强,"案多人少"的矛盾逐步得到缓解,办案的质量和效率明显提升。例如,上海4个试点法院审判一线办案人数比改革前增加了18.5%,审结案件数量上升12.6%,没有发生一起错案,而上诉率、信访投诉率有所下降。

第二节 新时代司法体制改革的成果

"党的十八大以来,政法战线坚持正确改革方向,敢于啃硬骨头、涉险滩、闯难关,做成了想了很多年、讲了很多年但没有做成的改革,司法公信力不断提升,对维护社会公平正义发挥了重要作用。"① 习近平总书记的重要论断，是对我国司法体制改革历史性成就的集中诠释。

一、审判机关的司法改革路径

党的十八大以来，法院的司法改革幅度之广、程度之深，可谓前所未有。这是在中央强力推动和法律专家型官员群体积极配合下进行的。② 法院的司法改革坚持顶层设计和地方探索相结合，重点突破和整体推进相统一，方案制定和督察落实相衔接，改革创新和于法有据相呼应。最高人民法院不断就司法责任制、法官员额制、以审判为中心的刑事诉讼制度等重大改革项目广泛听取意见；就解决立案难、破解执行难、加强司法公开、提升司法服务出台若干举措；就司法管理体制、司法运行机制、法院组织体系、司法队伍建设各项改革进行整体推进。③

一是不断推进和完善诉讼制度改革。2017 年，最高人民法院《关于全面推进以审判为中心的刑事诉讼制度改革的实施意见》、最高人民法院、最高人民检察院、公安部、国家安全部和司法部《关于办理刑事案件严格排除非法证据若干问题的规定》，最高人民法院关于庭前会议、排除非法证据、法庭调查"三项规程"等一系列制度的相继出台，筑牢了防范冤假错案的制度基础和程序防线，逐渐形成了在法庭上出示证据、查明案件事实、发表控辩意见、形成裁判结果的刑事审判新常态。同时，相关部门不断探索立案制度的改革，预约立案、跨域立案、网上立案、自助立案等多项举措在越来越多的法院中得以推行。如北京、天津、河北三地 7 个法院建立协作立案新模

---

① 习近平：《坚定不移推进司法体制改革 坚定不移走中国特色社会主义法治道路》，载《人民日报》2017 年 7 月 11 日第 1 版。

② 参见侯猛《司法的运作过程：基于对最高人民法院的观察》，中国法制出版社 2021 年版，第 7 页。

③ 参见马渊杰《加强督察 狠抓落实 推动司法体制改革全面落地见效》，载《人民法院报》2017 年 7 月 5 日第 1 版。

式,让当事人可以不受地域限制地享受平等、优质、高效的立案服务。

二是推动建立和完善高效、便捷、亲民的司法机制。①出台多元化纠纷解决机制改革、案件繁简分流机制改革、诉讼服务机制改革等一系列举措;健全多元化纠纷解决机制,完善诉调对接机制。改革以来,全国99%的法院建成了诉讼服务大厅,2711家法院开通了诉讼服务网,1137家法院开通了诉讼服务手机应用,2405家法院开通了12368诉讼服务热线,1958家法院开通了律师服务平台。截至2017年年底,各级法院设置了专门的诉调对接中心3320个,有专门工作人员15432名,建立了特邀调解组织22194个,有特邀调解员78153人。2017年,各级人民法院利用特邀调解等方式分流案件186.3万件,约占一审民商事案件总数的16%。大量案件通过人民调解、行业调解、律师调解、仲裁、公证等其他非诉讼方式得到快速解决。①②创新要素式庭审、令状式文书、示范性诉讼等机制,缩短了案件办理周期,提升了司法效率。开展庭审语音识别、文书智能纠错、在线调解、类案推送等网络化、智能化办案机制的创新与实践。2017年8月18日,全球首家互联网法院——杭州互联网法院成立,实现了从起诉到执行等诉讼环节全程网络化。同时,最高人民法院不断探索互联网时代司法服务的新空间。2018年伊始,最高人民法院"智慧法院导航系统""类案智能推送系统"正式上线运行。

三是建设司法公开平台,推动司法公开。2013年以来,为满足人民群众日益增长的知情需求,适应日新月异的科技发展,最高人民法院提出要依托现代信息技术,建设"审判流程公开、裁判文书公开、执行信息公开"三大司法公开平台,推动司法更加公开、透明。此外,最高人民法院出台了一系列规范性文件,人民法院政务网站、12368诉讼服务平台、微博、微信、新闻客户端、中国法院手机电视App等也陆续投入运行。

---

① 参见《以改革之策务为民之实 以制度之变夯公正之基》,载《人民法院报》2018年3月16日第3版。

四是完善司法责任制,去除司法行政化。司法责任制革除的是层层审批的行政化痼疾,重塑的是"让审理者裁判、由裁判者负责"的审判权运行机制,建立的是权责明晰、权责一致、监督有序、终身负责的审判责任体系,对完善中国特色社会主义司法制度、全面提升司法质效和司法公信力具有重大意义。改革以来,全国法院由独任法官、合议庭直接签发裁判文书的案件数量占到案件总数的98%以上。司法责任制的落实,倒逼法官自身专业能力和职业素养的提高,办案由"过得去"向"过得硬"转变。2017年,在立案数大幅增长的情况下,全国法院一审服判息诉率达89.3%,审判质量明显提高。

五是改革司法人员管理体制,推动司法队伍职业化。以法官员额制为重点的司法人员分类管理改革实现了对法官队伍的再选拔、再优化,确保了高素质司法人才进入法官队伍,扛起了公正司法的重任。2017年4月,经过严格的考试、考核,全国法院从21万余名法官中遴选出12万余名员额法官,员额法官总数控制在政法编制数的33%左右。改革后,各地法院85%以上的人力资源充实到办案一线,主要业务部门法官实有人数较改革前普遍增加10%以上,员额法官人均结案数量普遍提升20%~40%,法官司法能力和审判效率显著提升。法官、审判辅助人员、司法行政人员各归其位、各尽其责,实行不同的管理制度和职业发展路径:法官单独职务序列有效建立实施;法官助理、书记员职务序列改革积极试点;聘用制书记员管理制度日趋规范;审判辅助力量不断得到充实。各类司法人员的职责权限更加明确,职业发展渠道更加畅通,人员结构更加优化,司法队伍正规化、专业化、职业化水平明显提升。

六是完善法院组织体系和管理体制,打破诉讼主客场。习近平总书记关于"司法权是中央事权"的这一重大理论判断,为人民法院组织体系和管理体制改革摁下了"启动键",找到了一把打破诉讼主客场的"金钥匙"。2015年1月28日,最高人民法院第一巡回法庭在改革开放的前沿城市——深圳挂牌。3天后,第二巡回法庭在沈阳挂牌。一年多以后,巡回法庭由2个增加到6个,实现了巡回审判区域全覆盖,巡回法庭总体布局宣告完成。与设立巡回法庭同步展开的,还有对跨行政区划法院改革的探索。2014年年底,北京、上海两地设立跨行政区划法院,审理跨地区重大民商事、行政等案件,为构建普通案件在普通法院审理、特殊案件在跨区划法院审理的新型诉讼格局探路前行。北京市第四中级人民法院集中受理全市以区县政府为被告的行政案件后,该类案件立案率从32%提升至90%,行政机关负责人出庭应诉率达到100%。上海市第三中级人民法院成立后,全市行政案件年均收案量比2014年增长8.3倍。①

七是发挥司法保护知识产权的主导作用,推进知识产权审判体制改革。①充分发挥司法保护知识产权的主导作用,案件审判质效得到明显提升。切实抓好知识产权法院的工作,实现良好开局。党的十八届三中全会明确要求探索建立知识产权法院。最高人民法院深入研究、统筹规划,大力推进知识产权法院设立工作,在不到短短4个月的时间完成了北京、上海、广州3家知识产权法院的设立工作,取得了我国知识产权司法保护史上的重大突破。3家知识产权法院自成立以来,人员、机构、硬件建设第一阶段任务基本完成,审判工作卓有成效,案件审理效率明显提高,审判效果赢得社会赞誉,实现良好开局。②②始终坚持改革创新,知识产权审判体制机制不断完善。地方法院积极探索由知识产权审判庭统一审理知识产权民事、行政和刑事案件的试点工作(简称"三合一"试点),深入总结"三合一"试点经验,扩大改革试点范围,司法保护知识产权的综合效能初步显现。③深入推进审判公开,知识产权司法透明度日益提高。最高人民法院不断加大审判公开力度,以公开促公正、以公开树公信。推进裁判文书公开,上网发布全部可以公开的裁判文书,扩大和提高裁判文书的公布范围和公布效率。④大力加强审判指导,知识产权法律适用标准更加明确统一。最高人民法院进一步加强司法解释的制定工作。

---

① 参见《以改革之策务为民之实,以制度之变夯公正之基》,载《人民法院报》2018年3月16日第3版。

② 参见《最高法院通报"北上广"知识产权法院运行情况》,载中国法院网(https://www.chinacourt.org/article/detail/2015/09/id/1703517.shtml),访问日期:2021年5月5日。

创新案例指导工作,大力探索具有中国特色的知识产权案例指导制度。

二、检察机关的司法改革课题

最高人民检察院按照党的十八届三中全会、十八届四中全会部署的改革任务要求,制定了《关于深化检察改革的意见(2013—2017年工作规划)》,明确了检察改革的指导思想和总体目标、基本原则以及6个方面91项具体改革任务。这一时期的检察改革,更多的是涉及制约检察工作发展的深层次问题,改革的系统性强、牵涉面广、难度大,直接涉及检察权的配置和检察人员的切身利益。检察机关积极稳妥推进各项改革,以落实司法责任制为核心的检察体制改革向纵深推进,实行检察人员分类管理、推行检察官办案责任制,检察权运行机制发生深刻变革,检察改革取得了突破性的进展。对改革中已经取得较好效果、形成共识的改革成果,通过修改人民检察院组织法、刑事诉讼法的形式予以确认。至此,中国特色社会主义检察制度主体框架基本确立。①

一是建立了权责明晰、监管有效、保障有力的检察权运行新机制。2014年以来,全国31个省(区、市)和新疆生产建设兵团检察机关分三批开展试点,推进司法责任制改革,并全面推行检察人员分类管理和检察官员额制改革。①将检察人员分为检察官、检察辅助人员和司法行政人员三类,建立符合职业特点和司法规律的检察官单独职务序列和检察官逐级遴选制度。②坚持"以案定额"和"以职能定额"相结合,明确将员额配备给办案部门,配备给必须由检察官行使职能的岗位,向基层一线倾斜,向办案量大的检察院倾斜,并推动实行员额动态调整机制。通过改革,基层检察院85%的人力资源

---

① 参见《最高检深化内设机构改革,检察改革取得突破性进展》,载正义网(http://www.jcrb.com/xztpd/ZT2018/fogang/2018SD/jcxw/201812/t20181226_1947061.htm),访问日期:2022年3月1日。

配置到办案一线，办案力量增加20%以上①。③全面落实检察官办案责任制。2015年9月，最高人民检察院发布《关于完善人民检察院司法责任制的若干意见》，明确了检察机关建立独任检察官和检察官办案组两种基本办案组织形式，明确了检察委员会、检察长、检察官的职责权限，明确了与检察委员会、检察长、检察官办案职责权对应的司法责任，完善了司法责任的认定和追究机制。④建立并落实与检察官职务序列相配套的职业保障制度，建立与办案数量、质量直接挂钩的绩效考核办法。出台贯彻执行领导干部干预司法活动、插手具体案件处理的记录、通报和责任追究规定实施办法，建立了检察官履行职务受到侵害的保障救济机制。

二是建立检察机关提起公益诉讼制度。2015年7月，十二届全国人大常委会第十五次会议通过决定，授权在北京等13个省（区、市）开展为期两年的检察机关提起公益诉讼试点。在全面总结试点经验的基础上，2017年6月，十二届全国人大常委会第二十八次会议通过《关于修改〈中华人民共和国民事诉讼法〉和〈中华人民共和国行政诉讼法〉的决定》，决定正式建立检察机关提起公益诉讼制度。2018年7月6日，中央全面深化改革委员会第三次会议审议通过《关于设立最高人民检察院公益诉讼检察厅的方案》。各级检察院相继建立公益诉讼内设机构，办理了一大批公益诉讼案件，有效保护了国家利益和社会公共利益。

三是全面深化检务公开。检务公开一直是改革的一项重要内容，党的十八大以后，更是有了实质性的发展。各级检察机关坚持"以公开为原则，以不公开为例外"原则，建立并完善了开放、动态、透明、便民的司法公开机制，开通了人民检察院案件信息公开网，通过运行案件程序性信息查询平台、法律文书公开平台、重要案件信息发布平台、辩护与代理预约申请平台四个平台，实现了四级检察院案

---

① 参见曹建明《最高人民检察院关于人民检察院全面深化司法改革情况的报告》，载中国人大网（http://www.npc.gov.cn/zgrdw/npc/xinwen/2017-11/01/content_2030494.htm），访问日期：2021年7月15日。

件信息公开系统全覆盖，微博、微信、新闻客户端全覆盖，新闻发言人全覆盖和检察开放日活动全覆盖。

四是推进审查逮捕公诉制度改革。以审判为中心的诉讼制度改革，本质上就是以庭审为中心，以庭审为中心本质上就是以证据为中心。检察机关积极探索审查逮捕、公诉证据标准化，严格规范证据标准。最高人民检察院发布了常见的50个罪名的审查逮捕指引、公诉案件证据指引，会同最高人民法院等制定了《关于办理刑事案件严格排除非法证据若干问题的规定》。该规定积极发挥检察机关审前主导和过滤作用，与公安部共同推进重大疑难案件侦查机关听取检察机关意见建议制度改革，探索建立对公安派出所刑事侦查活动监督机制；制定了加强出庭公诉工作的意见，推动证人、鉴定人、侦查人员出庭作证，重视并利用庭前会议有效解决程序性争议，着力提高庭审效率和当庭指控犯罪能力。

五是开展刑事案件速裁程序试点和认罪认罚从宽制度试点。2014年6月，全国人大常委会做出决定，授权最高人民法院、最高人民检察院在北京等18个城市开展为期两年的刑事案件速裁程序试点。2016年11月，全国人大常委会又做出决定，授权最高人民法院、最高人民检察院在这18个城市开展刑事案件认罪认罚从宽制度试点。经过几年的试点，取得了较好的效果。2018年10月通过的《关于修改〈中华人民共和国刑事诉讼法〉的决定》，在总结试点经验基础上，规定了认罪认罚从宽制度和速裁程序。

六是稳步推进省以下检察院人财物统一管理。按照党的十八届三中全会部署，探索建立省以下地方检察院检察官及其他政法专项编制人员编制统一管理，检察官统一由省提名、管理并按法定程序任免，省以下地方检察院经费由省级政府财政部门统一管理机制。2014年3月，中央部署开展此项改革试点。目前，各地检察机关已基本实现政法专项编制由省级统一管理，大部分省份实现了省级财物统一管理，保障水平得到进一步提高。

七是积极探索跨行政区划检察院改革。2014年12月2日，中央全面深化改革领导小组第七次会议审议通过《设立跨行政区划人民法院、人民检察院试点方案》，确定在北京、上海依托铁路运输检察分院开展跨行政区划检察院改革试点工作。2014年12月5日，中央政法委印发《设立跨行政区划人民法院、人民检察院试点方案》。2014年12月28日、12月30日，上海市人民检察院第三分院和北京市人民检察第四分院先后挂牌成立，探索建立与行政区划适当分离的司法管辖制度。

八是顺应国家监察体制改革完成四级检察院反贪、反渎和预防部门职能、机构和人员转隶。实行监察体制改革，建立集中统一、权威高效的监察体系，是事关全局的重大政治体制改革。2017年，北京、山西、浙江三省市先行试点，取得重要经验。党的十九大部署在全国推行国家监察体制改革试点工作后，检察机关积极配合做好相关工作衔接，全国检察机关反贪、反渎和预防部门职能、机构及44151名检察人员按时完成转隶。最高人民检察院与中央纪委、国家监察委员会共同探索并建立在办理职务犯罪案件中互相配合、互相制约、权威高效、衔接顺畅的工作机制。2018年10月修订的《中华人民共和国人民检察院组织法》和《关于修改〈中华人民共和国刑事诉讼法〉的决定》，对人民检察院的侦查职权做出相应的调整。其中，修改后的《中华人民共和国刑事诉讼法》对监察机关移送起诉案件的补充调查、强制措施等做出了规定，完善了监察与刑事诉讼的衔接机制，保障了国家监察体制改革的顺利进行。

三、公安机关司法改革的内容

公安执法面广量大，公安执法是否规范、公正，直接关系到广大人民群众的切身利益，直接关系到社会的公平正义。为此，公安部对规范公安执法权力的运行高度重视，把它作为改革的重中之重。①

一是改革受案立案制度。针对未依法受案立案，公安部研究起草

---

① 参见《公安部采取五方面措施规范公安执法权力的运行》，载中国政府网（http://www.gov.cn/xinwen/2015-09/21/content_2936094.htm），访问日期：2022年3月15日。

了改革受立案制度的意见,通过健全接报案登记,统一接报案信息的汇总,完善受案立案的审查,明确受案立案监督主管部门,综合运用事前审核、事中监督、事后纠错、执法质量考评等监督管理手段,全面加强对受案立案工作的管理,切实提高受案立案工作的规范化水平。

二是推行刑事案件统一审核、统一出口工作的机制。为适应以审判为中心的诉讼制度改革,积极推行刑事案件由法制部门统一审核、统一出口的工作机制,切实加强对执法办案重点环节的审核把关,防止发生冤假错案。目前全国已经有一半的省(区、市)做出全面的部署。

三是改革涉案财物管理制度。为解决涉案财物管理中存在的突出问题,公安部对公安机关涉案财物管理若干规定进行了修改,进一步完善了涉案财物的管理体制、管理方法、处理程序,并重点围绕规范管理工作和保护当事人合法权益提出了具体的措施。

四是强化执法监督。执法信息化建设取得了明显成效,各省级公安机关普遍开发使用了统一的网上执法办案与监督信息系统,普遍实现了案件办理网上流转,出台了公安机关内部人员干预插手案件办理记录、通报和责任追究规定,对相关违法违纪行为划出一道"红线",执法工作更加公开、透明,群众的知情权、参与权、监督权得到了有效保障。

五是保障犯罪嫌疑人的合法权益。公安部进一步健全完善律师会见犯罪嫌疑人的制度措施,对重大案件全面实行讯问犯罪嫌疑人全程录音录像,并逐步扩大讯问录音录像的案件范围,最终实现对所有刑事案件的讯问过程进行录音录像。此外,各地结合执法实践,进行了积极的探索和创新,不断健全完善执法权力运行机制,确保严格规范公正文明执法。

四、司法行政机关的司法改革措施

党的十八大以来,以习近平同志为核心的党中央高度重视司法行政改革。中央全面深化改革委员会多次听取司法部汇报，审议通过了关于完善法律援助制度、完善国家统一法律职业资格制度、深化律师制度改革、完善国家工作人员学法用法制度、推行法律顾问制度和公职律师公司律师制度、发展涉外法律服务业、实行国家机关"谁执法谁普法"普法责任制、健全统一司法鉴定管理体制的实施意见等关于司法行政工作的改革意见，确立了司法行政改革四梁八柱性质的改革方案。为加强司法行政改革的整体谋划和统筹推进，经中央政法委批准，司法部于2018年1月23日印发了《关于加快推进司法行政改革的意见》。

  一是不断深化监狱制度改革，全面推进社区矫正工作。2017年5月，司法部提出以改造人为中心，推动罪犯改造工作从"不跑人"的底线安全观向为社会提供不再重新犯罪的守法公民的"治本安全观"转变，在17省份选择20个监狱率先开展试点工作，随后逐步在全国推开。①进一步深化狱务公开，严格规范减刑、假释、暂予监外执行，监狱内部管理和执法水平不断得到提升。同时，健全并完善监狱分级分类制度，监狱安全稳定工作创历史最好水平。②加强社区服刑人员的监督管理。认真践行"治本安全观"，确保社区矫正依法适用、规范运行，严格监督管理，提高矫正质量，做好社会适应性帮扶。开展社区矫正以来，截至2016年7月，全国已累计接收社区矫正人员298多万人，现有在矫社区服刑人员超过70万人，重新犯罪率一直处于0.2%左右的较低水平。① 近年每年新接收社区矫正对象50多万人，每年列管约120万人。截至2021年，全国累计接收社区矫正对象537万人，累计解除矫正473万人，矫正期间再犯罪率一直处于0.2%的较低水平。我国社区矫正工作在国际上也得到了良好的

---

① 参见《司法部就加强社矫工作〈衔接配合管理意见〉答问》，载中华人民共和国国务院新闻办公室网（http://www.scio.gov.cn/xwfbh/xwbfbh/wqfbh/35861/37363/xgfbh37368/Document/1606981/1606981.htm），访问日期：2022年4月15日。

反响,成为展示中国司法文明进步的一个重要窗口。[1]

二是不断健全司法行政戒毒制度。坚决贯彻党中央关于废止劳动教养制度的决策部署,依法平稳有序完成劳教人员解教工作。积极推动职能转型,健全戒毒工作体制和工作制度,目前(截至2018年)共有戒毒场所360个,已累计收治强制隔离戒毒人员113万余人,目前在所24万余人。[2] 戒毒医疗水平持续提升,教育矫治针对性和实效性不断提高,康复训练工作取得明显成效,初步建立了中国特色司法行政戒毒制度。

三是不断深化律师制度改革。①建立社会律师、公职律师、公司律师等优势互补、结构合理的律师队伍。②加强律师行业党的建设,成立全国律师行业党委,担任人大代表、政协委员的律师人数大幅增加。③坚持维权和惩戒并重,真正让律师协会"挺"在前面,强化律师工作和律师队伍的教育管理。④充分发挥律师在全面依法治国中的作用,推动刑事案件审判阶段律师辩护全覆盖试点工作,部署开展律师调解和律师参与城市管理执法试点工作,在全国普遍开展律师参与信访工作。截至2018年,律师队伍发展到34万余人,律师年均办理诉讼案件350多万件,非诉讼法律事务84万件,为50多万家政府部门和企事业单位担任法律顾问。[3]

四是加快推进公证体制改革。①大力推动行政体制公证机构转为事业体制公证机构,进一步扩大合作制公证机构试点。截至2017年11月14日,全国有889家行政体制公证处全部转为事业体制,合作

---

[1] 参见《学习贯彻习近平总书记"七一"重要讲话精神 深入推进社区矫正工作规范化精细化智能化——专访司法部社区矫正管理局党支部书记、局长姜爱东》,载中国政府法制信息网(http://www.moj.gov.cn/pub/sfbgw/zwgkztzl/2021nzt/ft20210628/202108srxxgcxjpzsjqyzyjhjs/202108/t20210826_436139.html),访问日期:2022年5月25日。

[2] 参见《背景资料:党的十八大以来司法行政改革有关情况》,载中国网(http://www.china.com.cn/zhibo/zhuanti/ch-xinwen/2018-02/08/content_50452418.htm),访问日期:2022年4月17日。

[3] 参见《背景资料:党的十八大以来司法行政改革有关情况》,载中国网(http://www.china.com.cn/zhibo/zhuanti/ch-xinwen/2018-02/08/content_50452418.htm),访问日期:2022年4月17日。

制公证机构试点工作稳步推进，公证机构发展活力不断增强。②严管公证质量和公证队伍，下发《司法部关于公证执业"五不准"的通知》。③发布公证指导性案例，既能让人民群众了解什么事项可以办理公证，又能指导公证机构办理好新型公证业务，并引起系统内的强烈反响和社会广泛关注。2017年，全国公证机构年办证量近1400万件，公证文书被发往180多个国家和地区使用。①

五是不断完善法律援助制度。落实中共中央办公厅、国务院办公厅《关于完善法律援助制度的意见》，不断扩大法律援助覆盖面，提高法律援助质量。2013年以来，全国法律援助机构共组织办理法律援助案件500万余件，受援群众超过557万人次，提供法律咨询超过2800万人次，仅2017年就办理案件130万余件，有力维护了困难群众的合法权益。②①扩大法律援助覆盖面，指导推动地方将劳动保障、婚姻家庭、食品药品等与基本民生紧密相关的事项纳入法律援助补充事项范围。②部署推进法律援助值班律师工作，除西藏外，各省（区、市）均已实现人民法院、看守所法律援助工作站全覆盖。

六是健全司法鉴定管理体制。将环境损害司法鉴定纳入统一登记管理范围，加快推进环境损害司法鉴定机构登记评审专家库建设。截至2017年，全国已有20多个省份完成了地方专家库建设，10多个省份开展了环境损害司法鉴定机构登记评审或者变更登记等工作，22个省（区、市）结合本地实际出台了完善司法鉴定管理与使用衔接的工作机制的细化落实文件。③ 2017年度，全国司法鉴定机构共完成

---

① 参见《背景资料：党的十八大以来司法行政改革有关情况》，载中国网（http://www.china.com.cn/zhibo/zhuanti/ch-xinwen/2018-02/08/content_50452418.htm），访问日期：2022年4月17日。

② 参见《砥砺奋进的五年·全面依法治国：法律援助，给群众更多获得感》，载《人民日报》2017年9月12日第4版。

③ 参见2018年国务院新闻办举行的就司法行政改革等方面情况的发布会，载中国政府网（http://www.gov.cn/xinwen/2017-03/01/content_5172251.htm），访问日期：2022年4月20日。

鉴定检案量227万余件。①

---

① 参见《2017年度全国司法鉴定情况统计分析》，载http://www.moj.gov.cn/pub/sfbgw/zwxxgk/fdzdgknr/fdzdgknrtjxx/201806/P020210331719199367931.pdf，访问日期：2022年4月8日。

第二章　新时代影响司法公正的顽疾与沉疴

习近平总书记在主持十八届中央政治局第四次集体学习时指出，坚持公正司法，需要做的工作很多。同时提出要努力让人民群众在每一个司法案件中都感受到公平正义，所有司法机关都要紧紧围绕这个目标来改进工作，重点解决影响司法公正和制约司法能力的深层次问题。① 对执法司法状况，人民群众意见还比较多，社会各界反映还比较大，主要是不作为、乱作为，特别是执法不严、司法不公、司法腐败问题比较突出。②

第一节　宏观审视：影响司法公正的九项顽疾

2014年，随着新一轮司法改革的启动，最高层成为司法改革的直接主导者，一系列真正涉及司法体制的改革方案得到全面推行，这一轮司法改革在制度层面上进行了大量创新，触动了我国司法制度的一系列深层次问题。这些改革举措的推行，从根本上改变了我国司法制度的面貌，解决了司法实践中愈演愈烈的司法地方化和司法行政化问题，维护了司法的独立性和公正性。

"全面推进依法治国，必须坚持公正司法。公正司法是维护社会

---

① 参见习近平《在十八届中央政治局第四次集体学习时的讲话》，载人民网（http://cpc.people.com.cn/BIG5/n/2013/0225/c64094-20583750.html），2013年2月25日，访问日期：2021年11月20日。

② 参见习近平《严格执法，公正司法》（2014年1月7日），载《十八大以来重要文献选编》（上），中央文献出版社2014年版，第717页。

公平正义的最后一道防线。如果人民群众通过司法程序不能保证自己的合法权利,那司法就没有公信力,人民群众也不会相信司法。"①习近平总书记的这一重要论述精辟而深刻地阐明了公正司法之于社会公平正义的底线作用。司法公正对社会公正具有重要的引领作用,司法不公则对社会公正具有致命的破坏作用。

习近平总书记多次就如何保证执法司法公正做出重要指示,强调要"在执法办案各个环节都设置'隔离墙'""增强主动公开、主动接受监督的意识""让暗箱操作没有空间,让司法腐败无法藏身"。习近平总书记还要求,"全国政法机关要顺应人民群众对公共安全、司法公正、权益保障的新期待,全力推进平安中国、法治中国、过硬队伍建设,深化司法体制机制改革,坚持从严治警,坚决反对执法不公、司法腐败,进一步提高执法能力,进一步增强人民群众的安全感和满意度,进一步提高政法工作的亲和力和公信力,努力让人民群众在每一个司法案件中都能感受到公平正义,保证中国特色社会主义事业在和谐稳定的社会环境中顺利推进"②。实践证明,以习近平同志为核心的党中央做出的开展政法队伍教育整顿的重大决策部署符合政法队伍实际,顺应了民心民意,是完全正确的。全国第一批政法队伍教育整顿实践深化了人们对新时代政法队伍自我革命的认识,积累了许多重要经验。开展政法队伍教育整顿,有助于更好地回应人民群众的新期盼,推动政法队伍紧跟时代步伐、履行好新时代职责使命。

在全国第一批政法队伍教育整顿中,各省政法系统有效筑牢政治忠诚、有力清除害群之马、全面整治顽瘴痼疾、大力弘扬英模精神、显著提升为民服务实效,实现了政治生态进一步优化、纪律作风进一步好转、能力素质进一步增强、执法司法公信力进一步提高的目标。

---

① 习近平:《在十八届中央政治局第四次集体学习时的讲话》,载人民网(http://cpc.people.com.cn/BIG5/n/2013/0225/c64094-20583750.html),2013年2月25日,访问日期:2021年11月20日。

② 《习近平就做好新形势下政法工作作出重要指示》,载人民网(http://politics.people.com.cn/n/2013/0107/c70731-20122090.html),2013年1月8日,访问日期:2021年11月20日。

以广东省为例,在全国第一批政法队伍教育整顿期间,广东省开展了政治教育 2.67 万场,警示教育、英模教育 1.8 万余场,整治顽瘴痼疾问题 3.5 万个。① 一大批影响司法公正、制约政法队伍建设和执法司法公信力、人民群众反映强烈的问题逐渐浮现,从宏观视角审视,这些问题可梳理归纳为以下九个类别。

(1) 公安机关的行政执法效能有待提高。

(2) 司法对行政执法的监督存在短板。

(3) "案多人少"矛盾仍长期困扰司法工作,司法质量难以得到保证。

(4) 个别司法人员作风不正、办案不廉、缺乏职业良知,损害司法公信力的情况仍然存在。

(5) 检察机关的法律监督履职还不够到位。

(6) 司法体制改革的整体性、协调性、配套性有待提升,新型办案机制和办案团队的效能还未充分发挥,影响司法公正、制约司法能力的深层次问题还需进一步解决。

(7) 幕后推手及利益驱动。

(8) 一些群众对诉讼的期望值过高。

(9) 执法司法活动还没有真正做到落实以人民为中心的思想。

2020 年 11 月 16 日至 17 日,中央全面依法治国会议在北京召开,习近平总书记在会上指出,司法的灵魂和生命是公平正义。千古兴业,关键在人。"赶考"永远不会结束,只会给出一个个新的时代考题。政法战线应当以政法队伍教育整顿为契机,坚持刀刃向内、刮骨疗毒,自查深挖问题,在革故鼎新、守正创新中实现自身跨越,为法治中国建设注入生机活力。

---

① 参见赵婕《筑牢政治忠诚 清除害群之马 整治顽瘴痼疾——广东推动政法队伍教育整顿落地落实》,载《法治日报》2021 年 8 月 20 日第 1 版。

第二节 立体探究：查摆五大领域内的沉疴问题

开展全国政法队伍教育整顿，是以习近平同志为核心的党中央从党和国家事业发展全局的高度做出的重大决策部署。习近平总书记在庆祝中国共产党成立100周年大会上发表重要讲话时特别强调要勇于自我革命、不断推进党的建设新的伟大工程，为深入推进教育整顿指明了前进方向，注入了强大动力。在宏观层面准确把握影响司法公正九项顽疾的基础上，需要进一步精细化地分析和探究潜藏于刑事司法、民事司法、行政司法、法律监督以及司法行政管理等领域之内的沉疴问题。

一、刑事司法方面

（一）严重违反法定程序

《中华人民共和国刑事诉讼法》第238条第一款规定："第二审人民法院发现第一审人民法院的审理有下列违反法律规定的诉讼程序的情形之一的，应当裁定撤销原判，发回原审人民法院重新审判：（一）违反本法有关公开审判的规定的；（二）违反回避制度的；（三）剥夺或者限制了当事人的法定诉讼权利，可能影响公正审判的；（四）审判组织的组成不合法的；（五）其他违反法律规定的诉讼程序，可能影响公正审判的。"

笔者利用北大法宝数据库检索出近三年来（2019—2021年）引用上述法条的案例及裁判文书共有3203条，并将审理法院的筛选条件设置为"广东省"，文书类型设置为"裁定书"，分别检索出二审改判文书共32篇（经核查，共有31篇符合要求），再审改判文书1篇，死刑复核程序文书1篇。具体数据详见附表1。

1. 法条引用

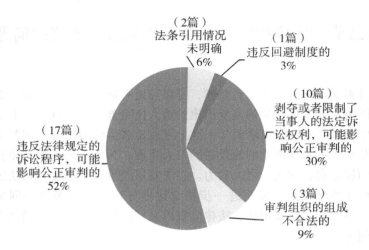

图 1　法条引用情况

如图 1 所示，相关文书引用最多的法条为《刑事诉讼法》第 238 条第一款第（五）项规定，而其具体原因则大多未予明确，列明的原因主要有："原审判决以知道案件情况、负有作证义务的人员作为被告单位诉讼代表人，违反法律规定的诉讼程序""原审判决以裁定更改实体处理结果，严重违反法定程序""原判认定事实不清，遗漏其他需要一并追诉的犯罪事实"等，结合对全国其他省份相关案例数据的分析，概括来说，这些原因可以分为以下三类：①审判遗漏，包括漏审、漏判、遗漏审查诉讼程序等情形；②裁判文书有误，包括文书类型使用错误、文书内容用语错误、当事人信息有误等；③违背诉讼法基本原则，如违反"上诉不加刑"原则、以负有作证义务的人员作为被告单位诉讼代表人等。

除第（五）项规定外，引用最多的法条是第（三）项规定，该条款被引用的比例为 30%，这说明在广东省刑事诉讼中，对于当事人法定诉讼权利的保护情况还不完善，需要采取措施加强保护。

而第（一）、第（二）、第（四）项则引用较少，其中，第

(一)项引用数量为0,这大致能够说明广东省刑事诉讼中审判公开情况良好;而第(二)项引用数量占比为3%,第(四)项引用数量则占比为9%,这表明广东省司法系统在回避制度的执行方面和审判组织的合法组成方面落实良好,但还有待提高。

2. 地域分布

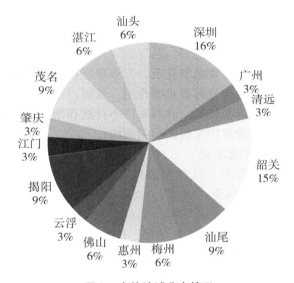

图2 案件地域分布情况

如图2所示,从地域分布上来看,相关案例在全省范围内均有分布,其中案例数量分布较多的地区有深圳(16%)、韶关(15%)、汕尾(9%)、揭阳(9%)、茂名(9%)等。而从区域范围上看,珠三角地区①的案例数量占比为34%,粤东地区②的案例数量占比为

---

① 包括广州、佛山、肇庆、深圳、东莞、惠州、珠海、中山、江门9个城市,2020年在全省人口占比为61.91%。
② 包括汕头、梅州、汕尾、潮州、揭阳5个城市,2020年在全省人口占比为16.03%。

30%，粤西地区①的案例数量占比为15%，粤北地区②的案例数量占比为21%。将案例数量占比与本区域人口数量占比对比来看，珠三角地区案例人口比最低，说明其司法队伍素质最高，粤西地区情况一般，而粤东、粤北地区情况则相对落后，说明这两个地区的司法队伍素质有待提高。该数据也表明广东省各地区之间的司法队伍素质存在差异，社会法治化水平也存在差异。

（二）刑事二审不开庭问题

在我国两审终审的审级制度下，二审程序在纠正错误判决和保障当事人的合法权益方面发挥着重要作用。然而，在司法实务中，刑事诉讼二审程序的开庭率较低。改判案件不开庭和繁案重案不开庭问题成为刑事诉讼二审程序中常被诟病的顽疾。

1. 刑事二审开庭率低

笔者在"威科先行·法律信息库"中设置检索条件：案件类型为"刑事"，审判程序为"二审"，文书类型为"判决书"和"裁定书"，关键词为"公开开庭"等，共检索出168623条结果，其中审理法院在广东省的共有7794条结果。保持上述检索条件不变，笔者将关键词分别更改为"不开庭"和"书面审理"，各检索出447113条结果（其中审理法院在广东省的共有63744条结果）和4925条结果（其中审理法院在广东省的共有58条结果）。

根据以上数据可知，内容涉及二审开庭形式的判决书和裁定书共有620661份，其中明确二审为开庭审理的判决书和裁定书共168623份，约占总数的27.17%，则全国刑事诉讼中二审总体开庭率约为27.17%；在明确二审为开庭审理的判决书和裁定书中，审理法院在广东省的共有7794份，约占广东省所有涉及二审开庭形式的判决书和裁定书总数的10.88%，则广东省刑事诉讼中二审总体开庭率约为10.88%。

---

① 包括湛江、阳江、茂名3个城市，2020年在全省人口占比为12.50%。
② 包括韶关、云浮、河源、清远4个城市，2020年在全省人口占比为9.56%。

与此形成鲜明对比的是,在"威科先行·法律信息库"中,笔者将上述检索条件保持不变,将案件类型更改为"民事",可计算出我国民事诉讼中二审总体开庭率约为85.59%,广东省民事诉讼中二审总体开庭率则约为60.08%。

由上述案例检索数据可知,我国刑事二审开庭率较低,二审开庭审理的仅占总数的27.17%,低于我国民事诉讼中85.59%的二审总体开庭率。

2. 部分改判案件不开庭审理

我国《刑事诉讼法》第234条明确规定:被告人、自诉人及其法定代理人对第一审认定的事实、证据提出异议,可能影响定罪量刑的上诉案件,应当组成合议庭,开庭审理。但从司法实务来看,有一部分此类案件仍然是以不开庭的方式审理的。有学者选取了2016—2018年广东省广州市中级人民法院作出的部分刑事二审判决、裁定为样本,对刑事二审的开庭情况进行了分析。[①] 通过对部分裁判文书进行分析发现,司法实践中有一部分符合"影响定罪量刑"的案件是以不开庭的方式进行审理的,开庭案件与改判案件的比例不协调(见图3),未开庭案件的改判率较高。这反映出司法实践中对开庭标准的把握与立法规定并不一致。

---

① 参见郭天武、卢诗谣《我国刑事二审审理方式的异化与回归》,载《华南师范大学学报(社会科学版)》2020年第2期,第115页。

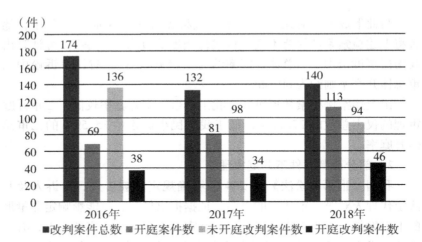

图3 2016–2018年广州市中级人民法院开庭案件与改判案件数量

3. 繁案不开庭审理现象突出

在刑事二审的司法实践中，人为因素导致的"繁案简审"问题也较为突出。由于刑事二审程序设置的特殊目的，所谓繁案，在此可以被定义为对事实、证据的认定有争议或人为事实不清、证据不足的上诉案件。

根据其他学者对相关裁判文书的分析研究可知（见图4、表1），以"对量刑提出异议"作为上诉理由的占比最大，其次是"事实不清、证据不足"以及"定性有误"。以"量刑过重"为由提出上诉的实际诉求可细分为两种：一是以符合某种法定或酌定减轻的量刑情节为由而提出上诉；二是没有具体理由，仅以量刑过重为由提出上诉。其中，第一种情形表面上是针对量刑提出的上诉，实质上是对涉及案件事实认定的某种法定或酌定的量刑情节存在异议，符合繁案的定义。然而实际结果显示，这部分事实认定有异议的繁案的开庭率却较低。由此可见，对于部分符合繁案要素的二审案件，法官可能滥用了自由裁量权，单方面决定不开庭审理。

第二章 新时代影响司法公正的顽疾与沉疴

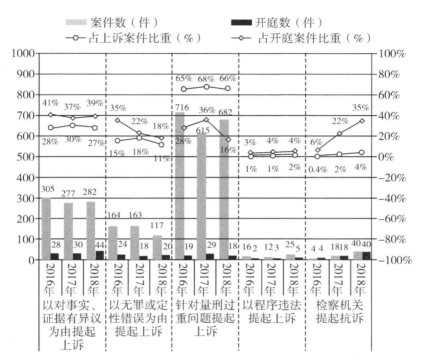

图 4　繁案简审情况

表 1　繁案简审情况

案件类型	年份	案件数	开庭数	占上诉案件比例	占开庭案件比例
以对事实、证据有异议为由提起上诉	2016	305	28	28%	41%
	2017	277	30	30%	37%
	2018	282	44	27%	39%
以无罪或定性错误为由提起上诉	2016	164	24	15%	35%
	2017	163	18	18%	22%
	2018	117	20	11%	18%

续上表

案件类型	年份	案件数	开庭数	占上诉案件比例	占开庭案件比例
针对量刑过重问题提起上诉	2016	716	19	65%	28%
	2017	615	29	68%	36%
	2018	682	18	66%	16%
以程序违法提起上诉	2016	16	2	3%	1%
	2017	12	3	4%	1%
	2018	25	5	4%	2%
检察机关提起抗诉	2016	4	4	0.4%	6%
	2017	18	18	2%	22%
	2018	40	40	4%	35%

4．部分重罪案件不开庭审理

重罪案件对于被告人人身权或财产权的影响深刻，案件本身通常也较为复杂，保障此类案件中的被告人充分行使辩护权利的重要性不言而喻，司法实践中理应对这类案件贯彻以"开庭审理为原则"的理念。然而在实务中，除因抗诉必须开庭审理的重罪案件外，部分上诉的重罪案件未形成良好的开庭审理机制。

笔者在"威科先行·法律信息库"中以案件类型为"刑事"、审判程序为"二审"、文书类型为"判决书"和"裁定书"、包含关键词"不开庭""有期徒刑十年"、不包含关键词"撤回上诉""驳回上诉"、审理法院为"广州市中级人民法院"、裁判日期为"2020年"作为检索条件，可检索出16条结果，其中5条确为重罪案件但未开庭审理的案例，详见附表2。

（三）法官徇私枉法的问题

习近平总书记指出，"所谓公正司法，就是受到侵害的权利一定会得到保护和救济，违法犯罪活动一定要受到制裁和惩罚。如果人民群众通过司法程序不能保证自己的合法权利,那司法就没有公信力,人民群众也不会相信司法。法律本来应该具有定分止争的功能,司法审判本来应该具有终局性的作用,如果司法不公、人心不服,这些功能就难以实现"①。"我们要依法公正对待人民群众的诉求,努力让人民群众在每一个司法案件中都能感受到公平正义,决不能让不公正的审判伤害人民群众感情、损害人民群众权益。"②

根据《中华人民共和国刑法》第399条规定,司法工作人员徇私枉法、徇情枉法,对明知是无罪的人而使他受追诉,对明知是有罪的人而故意包庇不使他受追诉,或者在刑事审判活动中故意违背事实和法律作枉法裁判的,构成徇私枉法罪。维护公平正义是法官的一项使命、一份追求、一种习惯、一个底线,法官作为审判者,必须坚持严格司法,促进社会公平正义,维护法律尊严,让人民群众信服裁判、信任法官、信赖法院。若法官徇私枉法,不仅会导致有罪之人逍遥法外、无罪之人蒙受冤屈,还会产生诸多社会不稳定因素,破坏国家的司法秩序,损害国家的法制权威,严重腐蚀依法治国的宏伟蓝图。

在"威科先行·法律信息库"中,笔者以"法官""徇私枉法"为关键词进行检索,共显示出185份刑事案件裁判文书,其地域分布情况见图5,审理级别见图6。其中审理法院在广东地区的案件数量位居全国第14位,共有6条结果。

在广东省的6条检索结果中,剔除非相关案件后,共有4个案件。这4个案件案情均为司法工作人员以收受财物为目的,徇私枉法,故意包庇有罪或罪重之人,使其不受追诉或受较轻的追诉(详见附表3)。对徇私枉法的司法工作人员,必须依法予以严惩。

---

① 习近平:《在十八届中央政治局第四次集体学习时的讲话》,载人民网(http://cpc.people.com.cn/BIG5/n/2013/0225/c64094-20583750.html),2013年2月25日,访问日期:2021年7月10日。

② 习近平:《在首都各界纪念现行宪法公布施行三十周年大会上的讲话》,载《十八大以来重要文献选编》(上),中央文献出版社2014年版,第91页。

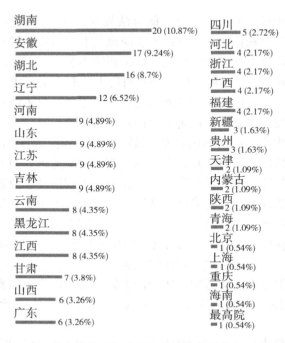

图5 司法工作人员徇私枉法刑事案件的地域分布（单位：件）

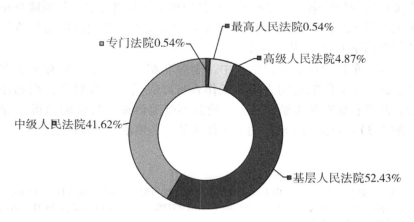

图6 司法工作人员徇私枉法刑事案件的审级分布

(四) 机械司法问题

机械司法是指在司法过程中忽视常识、常情、常理，机械套用刑法规范，表现为单纯地按照法律条文的字面含义进行操作，对法律条文的立法目的、所保护的法益以及行为本身的社会危害性不做深入探究，进而导致对案件的裁判不合理，伤害了社会公众的朴素感情，引起公众对司法判决公正性的质疑，对司法公信力造成了极大的损害。

司法裁判应当实现法、理、情的统一，"刑事审判牵涉社会生活的方方面面，事关社会公平正义。刑事审判工作贯彻法治原则，坚持严格司法，依法裁判，是不能动摇的原则，是必须坚守的底线。同时，要高度关注社情民意，将个案的审判置于天理、国法、人情之中综合考量。……人情也是德治应有之义。讲人情，不是要照顾某个人的私人感情，而是要尊重人民群众的朴素情感和基本的道德诉求，司法审判不能违背人之常情。实现法理情的有机结合，既要靠完备的法律制度，更要靠法官的经验、智慧与良知"①。

作为司法队伍中的法律人，法官有着普通民众并不具备的专业和冷静，能够从司法的理性出发，严格运用司法裁判三段论的经典思维方式去处理案件，但我们也要警惕，由于长期的专业工作，法官有可能会变得机械和冷漠，可能会伤害社会公众的朴素感情，进而对一个案件的判决可能合法，但不"合情"，也不"合理"。此外，从我国司法制度的角色定位来看，法官的首要责任是依照既定法的明文规定去判决，而非"变通"或"创造"新的规则，再加上法院内部对法官包括改判率在内的一系列考核标准和上级法院对息诉服判的方针要求，这使得法官很容易"趋利避害"，与其冒着风险变通判决，不如直接套用刑法文本，毕竟一个机械司法的裁判仍是"依据法律规定"

---

① 沈德咏：《坚持依法治国与以德治国相结合，立足司法职能大力弘扬社会主义核心价值观》，载《人民法院报》2017年4月20日第1版。

做出的。①

（五）证据来源问题

证据是诉讼的基础和核心。从冤假错案的形成中，我们可以看到非法证据的影子。缺乏足够的客观证据、过分依赖于鉴定意见是引发冤假错案的主要原因之一。据统计，90%以上的刑事案件需要进行司法鉴定，刑事案件中需要进行鉴定的专门性问题非常广泛。鉴定意见是由具有专业知识的专门人员就事实问题中的特殊事实进行专业判断。在司法实践中，鉴定对于刑事案件来说具有关键性作用，天然的科学崇拜情结导致盲目采信鉴定的情况时有出现。而盲目相信鉴定意见也可能导致冤假错案的发生。基于鉴定程序不规范、鉴定技术不成熟、鉴定人员水平不均衡等多种原因，实践中常常会得出偏离客观事实或歪曲客观事实的错误的鉴定意见。

当前刑事案件证据来源方面主要存在以下问题：①鉴定人专业水平不高。实行司法鉴定社会化后，许多鉴定人员只经过短期培训就上岗自主开展司法鉴定业务，他们与公安局、检察院、法院机关（以下简称"公检法"）经过系统学习、科班出身的"正宗"法医相比，专业水平差异较大，进而导致鉴定质量低下。②鉴定所采用的技术手段不科学。鉴定技术手段是否科学以及是否具有较高的可靠性，直接影响到案件的立案侦查和判决是否正确。③由于侦查机关内设鉴定机构的鉴定结论直接成为法庭认定案件事实的依据，一旦侦查机关的鉴定结论出现错误，必然导致无辜的人被追究刑事责任。④应当启动鉴定程序的死因案件没有进行鉴定，仅通过辨认而予以认定。在司法实践中，涉及"被害人复活"的命案会存在这一问题。⑤部分法官对法定定案标准认识不够、把握不严，对事实和证据的审查不够深入细致。法官对证据的审查和事实的认定不够严谨，对公诉机关提供的证据审核把关不严，甚至没有及时发现并核实有瑕疵的证据和无法排除

---

① 李杰：《法官"机械司法"的博弈分析》，载《法律和社会科学》2012年第9期，第22页。

合理怀疑的事实情节，或者发现了但不敢果断地予以排除和否定，存疑下判，导致错案发生。

（六）公安机关有案不立、压案不查、有罪不究

有案不立、压案不查、有罪不究是长期以来制约严格公正执法司法的堵点、难点，是影响司法公平正义的突出问题，更是涉法涉诉信访中数量最多、群众意见最大的执法司法问题。① 2021 年 8 月 30 日，全国政法队伍教育整顿第二次新闻发布会披露，全国政法队伍教育整顿对 2018 年以来政法机关有案不立、压案不查、有罪不究等问题开展大排查，其中认定公安系统问题案件 27.3 万件。"有案不立、压案不查、有罪不究"问题的存在不仅会导致被害人救济无门，而且直接关系到群众能不能在司法案件中感受到公平正义，该问题能否被彻底整治在很大程度上决定了执法司法在人民群众心中的公正性和公信力。

在"威科先行·法律信息库"中，笔者设置文书类型为"判决书"、案由为"刑事"、裁判理由中出现"保护伞"为检索条件，共检索出 336 条结果，其地域分布情况见表 2，其中审理法院在广东地区的案件数量位居全国所有省份的第 4 位，共有 21 条结果。其中与司法工作人员因充当黑恶势力保护伞而"有案不立、压案不查、有罪不究"相关的判决书共有 11 份，合并同案后共有 7 个案件，具体审判情况详见附表 4。

通过检索分析案例可知，非法充当黑恶势力保护伞是致使"有案不立、压案不查、有罪不究"的重要原因之一。同时，怠于履行法定职责也是部分公安机关及其工作人员"有案不立、压案不查、有罪不究"的一大诱因。以广东政法网公布的一则典型案件为例：2021 年 3 月 16 日，某市公安局刑侦大队民警张泽（化名）在值班时接到群众报警称自己被电信诈骗。在向报案人口头询问、要求打印银

---

① 参见陈一新《六大顽瘴痼疾整治要分类施策标本兼治》，载微信公众号"中央政法委长安剑"。

行流水后,张泽告知报案人被诈骗的钱是找不回来的,未对该案件进行受理和立案调查。之后,报案人多次要求立案调查,直到3月19日,张泽才开始对报案人做询问报案笔录并立案,这不仅增加了证据收集和查处的难度,更有损政法队伍形象。

表2 "保护伞"案件全国分布情况

地区	案件数量(件)	数量占比
湖南	50	14.88%
云南	32	9.52%
新疆	24	7.14%
江西	21	6.25%
广东	21	6.25%
安徽	18	5.36%
广西	17	5.06%
福建	17	5.06%
湖北	15	4.46%
四川	15	4.46%
辽宁	13	3.87%
江苏	13	3.87%
甘肃	9	2.68%
贵州	9	2.68%
河南	8	2.38%
陕西	8	2.38%
山东	7	2.08%
内蒙古	7	2.08%
河北	6	1.79%

续上表

地区	案件数量（件）	数量占比
黑龙江	6	1.79%
浙江	5	1.49%
山西	5	1.49%
吉林	4	1.19%
海南	2	0.6%
北京	1	0.3%
上海	1	0.3%
青海	1	0.3%
宁夏	1	0.3%

此外，虚假提高破案率以通过绩效考核而对应当立案的案件不予立案也是司法实务中的顽疾。在"威科先行·法律信息库"中，笔者以"破案率""公安"为关键词进行检索，以"刑事"为检索条件，共检索出18条结果，其中与公安干警为追求破案率而"有案不立、压案不查、有罪不究"的情况相关的案件有4件，详见附表5。

当然，"有案不立、压案不查、有罪不究"问题出现的根源在于刑事立案（撤案）过程中某些环节的监督缺失、监督责任不明和监督机制空置。

（七）恶意争夺管辖权与非法进行异地抓捕

在司法实务中，一些司法机关及其工作人员因地方保护主义思想作祟或基于自身不正当利益的考量而恶意争夺对某一案件的管辖权，甚至非法进行跨地域抓捕，由此造成了在司法程序上的一系列违法问题乃至冤假错案的发生。这不仅无法有效保障案件当事人的合法权益，还严重影响了司法的公信力。

2018年4月发生在广东和内蒙古两地的"×××药酒"事件即为

司法机关恶意争夺管辖权与非法进行异地抓捕的典型案例。针对该事件，部分法律界人士认为，跨省抓捕本身不是问题，但这样做难以避免地方保护主义的嫌疑。事实上，此案应该由广州警方来立案侦查更为适宜，因而此案实际上就有恶意争夺管辖权进而非法展开异地抓捕之嫌。清华大学法学院张建伟教授表示，根据刑事诉讼法相关规定，管辖是以犯罪地为主、居住地为辅。涉案人谭某东在广州上网发文，居住地也在广州，即便要行使刑事追诉权，也应该由广州公安机关启动立案侦查更为适宜。

在舆情影响下，公安部于2018年4月17日通报称已责成内蒙古公安机关依法开展核查工作。同日，检察院称已将对谭某东的强制措施变更为取保候审，并决定将该案退回公安机关补充侦查，至此该事件出现大反转。

虽然此案最终得到了妥善处理，当事人谭某东已重获自由，但该事件对我国司法公信力造成了较为不利的影响。究其根本，这一事件即是公权力使用不当，恶意争夺案件管辖权，以刑事手段插手民事纠纷。

（八）刑事手段干预经济纠纷

近年来，创造良好的营商环境、保护民营企业健康发展成了法治领域新的热门主题，但在司法实务中却屡屡出现利用刑事手段干预经济纠纷的现象。

在"威科先行·法律信息库"中，笔者以"刑事手段"和"民事纠纷"作为一组关键词进行同句检索，共检索出371条结果，其中审理法院在广东省的有21条结果，各省案件数量主要占比情况可参见表3。经笔者检视，内蒙古占比畸高是受到一起房地产集团纠纷案的影响，实际上浙江应为案件数量占比最高的省份，其中广东数量占比为第二位。笔者以"刑事手段"和"经济纠纷"作为一组关键词进行同句检索，共检索出248条结果，其中审理法院在广东省的有31条结果；各省案件数量主要占比情况见图7，其中广东案件数量占比为第一位。因而综合来看，良好的营商环境是广东省经济持续腾飞的重要条件,而利用刑事手段干预经济纠纷这一行为对于营商环境的破坏力是显而易见的,因此在司法实践中必须严加防范。

表3 "刑事手段"和"民事纠纷"案件省市分布情况

地区	案件数量(件)	数量占比
内蒙古	176	47.44%
浙江	27	7.82%
广东	21	5.66%
山东	15	4.04%
山西	14	3.77%
河南	14	3.77%
河北	13	3.50%
吉林	10	2.70%
福建	9	2.43%
广西	7	1.89%
四川	7	1.89%
湖南	6	1.62%
辽宁	6	1.62%
江苏	6	1.62%
河北	6	1.62%
云南	4	1.08%
安徽	4	1.08%
湖北	4	1.08%
黑龙江	4	1.08%
海南	4	1.08%
最高院	4	1.08%

续上表

地区	案件数量（件）	数量占比
江西	3	0.81%
陕西	3	0.81%
贵州	2	0.54%
甘肃	2	0.54%
北京	2	0.54%
宁夏	2	0.54%
新疆	1	0.27%
上海	1	0.27%

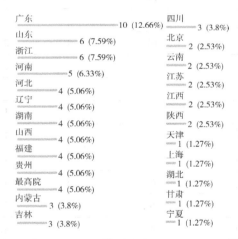

图7 "刑事手段"和"经济纠纷"案件省市占比情况（单位：件）

在司法实务中，违法动用刑事手段插手经济纠纷的常见情形除以"捂盖子"为目的，为所谓"维稳"而不问矛盾本质就轻易进行刑事追诉之外，在分析相关案例后，笔者发现还有以下三种情形：①违背罪刑法定原则和疑罪从无原则，对于法律政策界限不明、罪与非罪不清的企业经济行为，不充分考虑其行为动机和对社会有无危害及其危害程度，就动用刑事手段进行追诉（如最高人民检察院发布的第90号指导性案例）；②地方公权力机关在地方经济保护主义思想的错误引导下，通过刑事手段违法介入地方企业的经济纠纷，过分维护地方企业的利益（如"××药酒跨省追捕"案）；③一些混入司法队伍中的害群之马为谋取自身不正当利益，以打击经济犯罪之名，行"抄家分钱"之实（如湖北潜江常某贤等的非法经营案）。

（九）超期羁押问题

超期羁押是指在刑事诉讼的过程中，有关办案机关和办案人员依法对犯罪嫌疑人或被告人采取刑事拘留或逮捕强制措施后，不合理地甚至是非法地延长其羁押期限，导致其羁押期限超过法定期限的行为。

从形式上看，超期羁押可以分为显性的超期羁押和隐性的超期羁押。显性的超期羁押是指，有关办案机关和办案人员违反了法律关于羁押期限的规定，对羁押期限届满的犯罪嫌疑人、被告人仍予以羁押的情形。隐性的超期羁押则是指，有关办案机关和办案人员利用法律规定或者为了规避法律，依合法手续对犯罪嫌疑人、被告人进行羁押，但本质上有悖于羁押的比例性原则，是以"合法形式"掩盖"非法目的"的行为。在"合法形式"的包装下，隐性的超期羁押较显性的超期羁押更加具有隐蔽性，故本节的案例检索实际上大多是针对显性的超期羁押而言的。

在"威科先行·法律信息库"中，笔者以"超期羁押"为关键词、"国家赔偿"为案由作为检索条件进行检索，共检索出380条结果，其中审理法院在广东的有25条结果，在全国占比排名第三位，其他各省具体数量及占比情况见图8。

省市	数量	占比	省市	数量	占比
北京	43	11.35%	山西	9	2.37%
辽宁	41	10.82%	云南	7	1.85%
广东	25	6.6%	陕西	6	1.58%
河北	24	6.33%	贵州	6	1.58%
河南	24	6.33%	内蒙古	5	1.32%
福建	24	6.33%	重庆	4	1.06%
江苏	22	5.8%	广西	4	1.06%
山东	19	5.01%	甘肃	3	0.79%
黑龙江	18	4.75%	天津	2	0.53%
安徽	17	4.49%	上海	2	0.53%
最高院	16	4.22%	江西	2	0.53%
吉林	14	3.69%	湖北	2	0.53%
湖南	13	3.43%	宁夏	2	0.53%
浙江	13	3.43%	青海	1	0.26%
四川	11	2.9%			

图8 "超期羁押"和"国家赔偿"案件各省市具体数量及占比情况（单位：件）

在"威科先行·法律信息库"中，笔者仍以"超期羁押"为关键词，将案由变更为"刑事"作为检索条件进行全文检索，共检索出657条结果，其中审理法院在广东的共有53条结果，在全国占比排名第一位，其他省市具体数量及占比情况见图9。

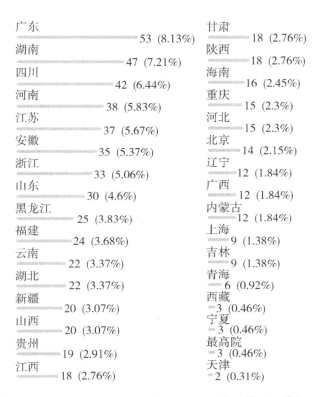

图9 "超期羁押"刑事案件省市具体数量及占比情况（单位：件）

上述检索结果虽然不能直接说明显性的超期羁押或隐性的超期羁押的具体情况，但在一定程度上反映了司法实践在防范和杜绝超期羁押方面还有待加强。

（十）刑事执行问题

监所肩负的是维护社会安全稳定、教育改造在押人员的重要职责，因而监所的管理问题关系着社会公平正义和社会大局。但近年来连续多起与监所管理有关且引起了社会广泛关注的事件，暴露出我国监所管理水平还有待提高的问题，特别是在舆情反映比较强烈的违规违法"减假暂"①、侵害在押人员合法权益等方面。

1. 违规违法"减假暂"问题

在当前监狱系统，违规违法"减假暂"问题时有发生，个别地方出现的卡点减刑、顶格减刑甚至"纸面服刑"等问题严重危害了法治权威和司法公信力。减刑、假释、暂予监外执行是我国重要的刑罚执行制度，也是司法实践中容易滋生腐败、产生执法司法不公的重点环节。在全国第一批政法队伍教育整顿中，共核实认定"减假暂"问题案件8.7万件，其中，减刑问题4.6万件，假释问题7890件，暂予监外执行问题3.3万件。

笔者在"威科先行·法律信息库"中输入关键词"徇私舞弊减刑、假释、暂予监外执行罪"，选择文书类型为"判决书"、裁判时间为"最近五年"作为检索条件，可检索出63条结果，其中发生在广东省的案件有3个，具体信息详见附表6。

由以上检索结果可知，司法实践中的确存在违规违法"减假暂"问题，且在近年来开展的专项整治行动中就查到数起。而在违规违法"减缓暂"问题中，舆情中反映较为突出的是利用专利通过虚假立功进行违规减刑以及假借"保外就医"之名逃避入监服刑以致"纸面服刑"的现象。②

2. 侵害在押人员合法权益问题

监所系统中侵害在押人员合法权益的问题时常存在，其中"躲猫猫致死"等案件暴露出的侵害在押人员人身安全权益问题曾引起社会广泛关注，经过多次整治，实践中在押人员的合法权益得不到充分保障的现象已有明显好转，但不可否认的是，这些问题实际上还不同程度地存在着。

在"威科先行·法律信息库"中，笔者以"虐待被监管人罪"为关键词，选择文书类型为"判决书"、裁判时间为"最近五年"作

---

① 对监狱服刑犯人实行减刑、假释、暂予监外执行的统称。
② 如广东健力宝集团原董事长张某利用"专利"假立功获减刑案，2019年发生的云南孙某果案，内蒙古巴某孟和"纸面服刑"非法保外就医案。

为检索条件,可检索出49条结果,其中发生在广东省的案件有1个,详见附表7。保持上述其他检索条件不变,仅将搜索的关键词变更为"刑讯逼供罪",则可检索出60条结果,其中发生在广东省的案件有1个,详见附表8。

由上述检索结果可知,直接侵害在押人员人身权益的现象已有明显好转,在如今的监所系统中鲜见虐待、刑讯逼供等行为。但这些问题仍不同程度地存在着。直接侵害在押人员的人身权益的现象虽已明显好转,但在实践中还是能见到对在押人员医疗救治不及时的相关报道①,这凸显了对在押人员合法权益的保护不够到位的问题。

二、民事司法方面

(一) 立案难问题

随着经济社会的快速发展,公民的权利意识高度觉醒,司法需求日益增长,通过诉讼定分止争的愿望更加强烈,但由于"立案难"的存在,导致一些案件无法跨过立案这一门槛,被阻挡在法院之外,这既不利于人民群众"接近正义",也不利于社会稳定。

目前,广东省立案难问题的表现是广东省部分法院存在着年底不立案的现象。在"威科先行·法律信息库"中,笔者以"年底不立案"和"广东省"为关键词进行检索,共匹配到1份涉及年底不立案的民事判决书。在裁判文书中,原告上诉称:"法院存在年底不立案的内部规定。"

所谓"年底不立案",并不是法院不受理原告的起诉材料,而是在实践中采用一种变通的做法——"预立案",即原告方起诉后法院不给予正式案号,继而依法进入民事诉讼程序进行审理,收下起诉材料后给予原告一个"预立案号",一般是"×××年××省××立预××号"形式。比如,在董某律师遇害事件中,委托人杀害董某律

---

① 如贵州遵义张某被拒绝取保候审外出治疗致使救治不及时死亡案。

师的部分原因是嫌其办事拖沓，案件进展缓慢，笔者认为案件进展缓慢的原因可能并不归于遇害律师，而应该归于预立案制度的存在，也就是律师在接受委托一周之内就已经把案子立完了，但是预立案没有正式案号。

广东省也存在着上述现象（见表4）。笔者在"威科先行·法律信息库"中以"预立案""广东省""民事""判决书"为关键词进行检索，共匹配到293篇裁判文书。

表4 "年底不立案"类案

序号	法院	案号	裁判内容
1	广东省深圳市中级人民法院	（2015）深中法商终字第1685号	丹桂建筑公司于2014年11月27日就已经向深圳市福田区人民法院提起诉讼，因法院内部的年底不立案规定，福田法院向丹桂建筑公司出具了《先行调解通知书》①
2	广东省中山市第一人民法院	（2021）粤2071民初6371号	熊某乐称因雅建公司拖欠2018年11月30日至2019年10月25日的违约金5365.69元并经催讨未果，于2020年12月4日向本院提起诉讼，主张前述实体权利。本院于2020年12月10日作预立案调解，调解不成于2021年2月22日正式立案②

---

① 深圳市丹桂建筑材料有限公司与深圳市华典装饰工程有限公司买卖合同纠纷案，参见广东省深圳市中级人民法院（2015）深中法商终字第1685号民事判决书。

② 熊某乐与中山市雅建房地产发展有限公司装饰装修合同纠纷案，参见广东省中山市第一人民法院（2021）粤2071民初6371号民事判决书。

续上表

序号	法院	案号	裁判内容
3	广东省中山市第一人民法院	（2021）粤2071民初2567号	瑞星公司经多次催讨未果，于2020年10月19日向本院起诉，主张前述实体权利，本院于2020年10月19日作预立案调解，调解不成于2021年1月14日正式立案①

通过梳理广东省各级人民法院的2020年度工作报告和披露的公开数据，共形成8个地区的新收案件数量季度分布数据和广州地区新收案件数量月度分布数据（见图10），这部分数据也从侧面反映出"年底不立案"现象的存在。

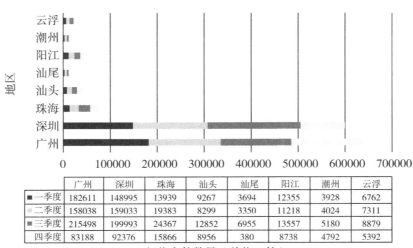

	广州	深圳	珠海	汕头	汕尾	阳江	潮州	云浮
一季度	182611	148995	13939	9267	3694	12355	3928	6762
二季度	158038	159033	19383	8299	3350	11218	4024	7311
三季度	215498	199993	24367	12852	6955	13557	5180	8879
四季度	83188	92376	15866	8956	380	8738	4792	5392

图10　广东省各地区法院2020年度新收案件数量季度分布情况

---

① 中山市瑞星物业管理有限公司与高俊物业服务合同纠纷案，参见广东省中山市第一人民法院（2021）粤2071民初2567号民事判决书。

据图10，我们可以发现广东省各地区新收案件数量季度差异性显著，单季度新收案件数量高峰与低谷差距大，新收案件数量波峰出现在第三季度，波谷出现在第四季度（见图11）。其中，广州地区第三季度新收案件数量为215498件，而第四季度新收案件数量仅有83188件，前者约是后者的2.6倍。如果将广州地区新收案件数量季度分布细化为月际分布（见图12），可以发现，从7月开始，新收案件数量呈现出下降的趋势，直至12月，达到该年度新收案件数量最低值，到2021年1月之后，新收案件数量又大幅度回升。理论上讲，农历新年所在月可能较其他月新收案件数量稍低，其他月新收案件数量应该大体上保持一致。但实际上，第三季度与第四季度（7—12月）新收案件数呈现逐月下降的趋势，这表明法院新收案件数量的时间分布可能受到人为的干预。

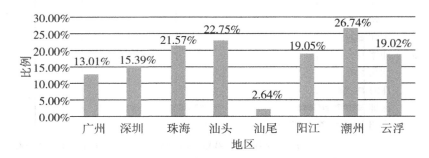

图11　广东省各地区法院2020年度第四季度新收案件数量占全年比例

这种新收案件数量时间分布不均衡的情况会造成以下问题：一是审判人员在第三季度面临着数量庞大的案件，一方面，这极大地增加了法官的工作强度，不利于法官的身心健康；另一方面，案件数量的不正常增多可能会导致分配至个案的有效工作时间变少，从而影响个案的审判质量。二是审判人员在经历第三季度的高强度工作后，便进入第四季度新收案件数量极少时间段，其工作状态处于非合理的张弛，可能会使审判人员出现职业倦怠。

第二章 新时代影响司法公正的顽疾与沉疴

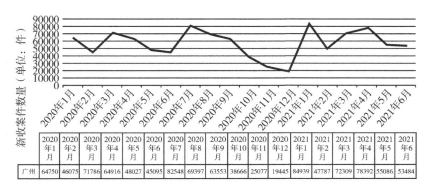

图12 广东省广州地区新收案件数量月际分布情况

（二）司法公开问题

正义要以看得见的方式来实现，司法公开是促进司法公正的重要方式。公开审判流程和裁判文书，可以增进人民群众对司法的了解，提高司法裁判的公众认同感。当前，广东省各级人民法院正在重点推进司法信息公开工作，在裁判文书上网和庭审直播工作方面取得了长足的进步。然而，裁判文书上网率区域不平衡问题较为突出，部分法院公布的纸面数据与文书受众的体验存在一定距离，庭审直播比例小、质量差等问题的存在制约了广东省司法信息公开工作的深入推进。

1. 裁判文书方面

（1）裁判文书上网率区域不平衡问题突出。笔者通过检索广东省各级人民法院2020年度法院工作报告，共匹配到17个地区的2020年度裁判文书上网率数据（裁判文书上网率＝上网文书数量/结案数量）。其中，裁判文书上网率最高为96.0%，所在地区为广州；最低为8.3%，所在地区为河源（见表5）。

表5　广东省各地区法院2020年度裁判文书上网率

地区	2020年度上网文书数量（篇）	结案数量（件）	裁判文书上网率
全省合计	2195000	2787000	78.8%
广州	614000	639855	96.0%
深圳	328373	594437	55.2%
珠海	52728	73573	71.7%
东莞	210800	281386	74.9%
中山	94090	129244	72.8%
汕头	16112	39029	41.3%
肇庆	20578	55996	36.7%
惠州	59042	109475	53.9%
梅州	8539	39855	21.4%
清远	62393	80268	77.7%
湛江	32261	64945	49.7%
韶关	27976	54084	51.7%
河源	2674	32062	8.3%
阳江	22900	45776	50.0%
潮州	9974	19011	52.5%
揭阳	12000	26463	45.3%
云浮	8437	28403	29.7%

从广东省高级人民法院2020年度法院工作报告所披露的数据来看，2020年度全省法院总的裁判文书上网率为78.7%，总体上已经达到2020年度广东省高级人民法院对各地区法院关于裁判文书上网率50%的考核要求，并不存在裁判文书上网率低的问题。但是，如果观察各地区法院公布的数据，可以看到17个地区法院中共有10个

地区法院已经达到了广东省高级人民法院的考核要求，还有7个法院尚未达到广东省高级人民法院的考核要求，考核达标率仅有58.8%。同时，裁判文书上网率区域不平衡问题较突出，广州市中级人民法院辖区的裁判文书上网率为96.0%，而河源市中级人民法院辖区的裁判文书上网率却仅有8.3%，前者是后者的十多倍。笔者认为，出现这种现象的原因可能是非珠三角地区基层法院信息化基础薄弱，软硬件设施落后，而司法公开平台建设的要求较高，二者的矛盾导致非珠三角地区法院的裁判文书上网率普遍偏低。

（2）裁判文书受众的体验感不够理想。首先，裁判文书上网率与实际可看文书存在差距。裁判文书上网率不应该只是停留在法院的年度工作报告上的纸面数据，而应该是人民群众了解司法、监督司法的有益数据。因此，裁判文书上网后，人民群众的满意度是评判裁判文书公开上网工作做得好与不好的根本标准。

在"威科先行·法律信息库"中，笔者以"2019年/2020年"和"民初/民终1-9、12-20、51-53号"为关键词，检索广东省17个中级人民法院的对应裁判文书，根据检索结果制成图13。

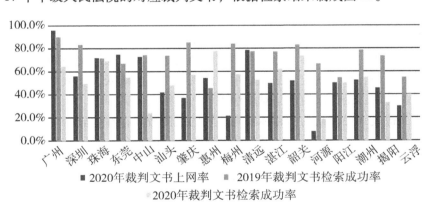

图13　广州地区裁判文书检索成功情况

从图13我们可以发现以下问题：一是7个中级人民法院所报告的2020年度裁判文书上网率数值高于2020年裁判文书检索成功率

（裁判文书检索成功率＝检索到的文书数量/42），这意味着纸面上的裁判文书上网率并不能转化为文书受众的实际体验，部分文书是缺失的。二是15个中级人民法院2020年裁判文书检索成功率较2019年有所下降，这与裁判文书上网率逐年上升的趋势是背离的，人民群众没有感受到这种司法信息公开工作深入推进所带来的变化。

其次，裁判文书阅读体验有待改善。最高人民法院《关于加强和规范裁判文书释法说理的指导意见》规定：裁判文书释法说理，要立场正确、内容合法、程序正当，符合社会主义核心价值观的精神和要求；要围绕证据审查判断、事实认定、法律适用进行说理，反映推理过程，做到层次分明；要针对诉讼主张和诉讼争点、结合庭审情况进行说理，做到有的放矢；要根据案件社会影响、审判程序、诉讼阶段等不同情况进行繁简适度的说理，简案略说，繁案精说，力求恰到好处。

以广东省某法院审理的（2017）粤0106民初10075号梁某洋与谢某荣房屋买卖合同纠纷案为例，原告共有5项诉讼请求，因此，法院在说理时对原告的诉讼请求进行分类处理，详尽分析，对诉讼请求是否支持的说理部分分别引用了《中华人民共和国合同法》中的六条法律规则。说理要点内容仅包括对小前提的重复事实认定，但省略了大前提，说理不够充分。在结束说理后于判决书末尾统一列举所适用的法条，事实认定与法律适用中出现了明显的跳跃，导致普通受众很难理解诉讼请求说理与对应法条的内在衔接关系。①

造成人民群众的实际体验与法院的纸面数据存在差异的主要原因是裁判文书工作建设存在坚持法院本位主义的现象，导致实践中裁判文书上网工作成为法院内部的考核指标，受众的满意度成为次要目标，进而影响文书受众的实际体验。

2. 庭审直播方面

《最高人民法院关于人民法院直播录播庭审活动的规定》第2条

---

① 参见麦艳琳《中国民事裁判立书释法说理的实证研究》，华南理工大学2020年学位论文。

规定：人民法院可以选择公众关注度较高、社会影响较大、具有法制宣传教育意义的公开审理的案件进行庭审直播、录播。通过检索可以发现，广东省司法信息公开工作存在着庭审直播比例低、庭审直播质量有待提高等问题。

（1）庭审直播率比例低。通过检索各级人民法院2020年度法院工作报告，共匹配到18个地区法院的2020年度庭审直播率数据（庭审直播率＝直播场次/结案数量）。其中，庭审直播率最大值为24.7%，所在地区为云浮；最小为1.6%，所在地区为中山（见表6）。

表6 广东省各地区法院2020年度庭审直播率

地区	直播场次（单位：次）	结案数量（单位：件）	庭审直播率
全省合计	427000	2787000	15.3%
广州	43222	639855	6.8%
珠海	12213	73573	16.6%
佛山	12000	275196	4.4%
东莞	27013	281386	9.6%
中山	2044	129244	1.6%
汕头	5932	39029	15.2%
肇庆	9356	55996	16.7%
惠州	4418	109475	4.0%
梅州	4001	39855	10.0%
清远	17843	80268	22.2%
湛江	9017	64945	13.9%
韶关	9996	54084	18.5%
汕尾	486	17286	2.8%
河源	1606	32062	5.0%
阳江	5539	45776	12.1%

续上表

地区	直播场次（单位：次）	结案数量（单位：件）	庭审直播率
潮州	3164	19011	16.6%
揭阳	1500	26463	5.7%
云浮	7002	28403	24.7%

从整体上看，广东省庭审直播案件的绝对数量较大，位居全国前列，但庭审直播率仅为15.3%，庭审直播案件占总体案件的比例较小。同时，18个地区中共有8个地区法院的庭审直播率在10%以下，相比于最高24%的数值，仍存在一定的差距。

（2）庭审直播质量有待提高。庭审直播质量不佳，主要体现在以下两方面：一是庭审流程不够规范。某些检察人员庭前准备不足，对案情不够熟悉，或者庭审直播中过于紧张，导致庭审中用语不规范、表达不流利、肢体小动作频繁、庭审程序衔接不顺畅，影响了庭审直播观众的观看体验。二是音视频效果有待加强。由于配套设施不到位或技术操作不当，部分庭审直播音视频不同步、视频画质不清晰或观看时卡顿，不能正常播放，导致观众"能看不能听"，降低了观众的观看体验。

出现上述问题的原因可能有以下几个：一是法院庭审直播选择权较大。《直播录播庭审规定》未明确规定直播案件的具体范围，在一定程度上赋予法院较大的庭审直播选择权，给法院缩小直播案件范围、减少直播案件数量提供了空间。二是庭审信息化应用水平较低。科技法庭应用比例偏低，直接导致应用于庭审直播的音视频数量偏少，影响了庭审直播常态化的推进。三是庭审直播工作缺少相关专业技术人员。庭审直播需要两类技术人员：一类是庭审直播技术操作人员，即负责保障庭审记录下的音视频质量的人员；另一类是庭审视频技术处理人员，即负责对庭审音视频中不宜公开内容进行技术处理的人员。两类专业技术人员的缺乏，一定程度上影响了庭审直播的质量和数量。①

（三）案件管理

案件管理，是对民事案件审理流程全范围的监控，其对于根治民事司法"堵塞"和"拖延"的症结具有基础性意义。但目前广东省的审判流程管理制度仍不够完善，表现为有的案卷移送效率低和有的案件长期未结和超审限。

1. 案卷移送效率低

案卷移送主要存在以下两种情况：一种是地方人民法院受理某一案件后，发现对该案无管辖权，为保证该案件的审理，依照法律相关规定，将该案件移送给有管辖权的人民法院；另一种则是一审民事判决生效后上诉人提出上诉，一审法院将案卷移送至二审法院。当前广东省案件移送效率低的问题主要存在于第二种情况，即上诉案件长时间未移送到二审法院。同时，根据《民事诉讼法》第183条规定，人民法院审理对判决的上诉案件，应当在第二审立案之日起3个月内审结。有特殊情况需要延长的，由本院院长批准。相比于上诉案件3个月的审限，上诉案件案卷移送需要较长的时间，显然与审判迅速化的改革趋势相违背，不利于当事人更快地获得正义。

同时，在案卷未移送的时间段内，许多当事人往往要来回奔波于两级法院之间查询、催办上诉案件的移送，由于上诉案件移交程序流转环节较多，既涉及原审法院业务庭和立案庭之间的衔接，又涉及原审法院和二审法院的衔接，两级法院窗口工作人员对具体情况缺乏了解，往往无法回答当事人的询问，造成当事人认为两级法院对此问题互相推诿，对司法公正可能产生不信任感。

出现案件移送时间过长的原因可能有以下三点：一是案件移送工作缺乏制度规范。二是法院之间协同工作机制不完善。案卷移送工作

---

① 参见伊日乐图《人民法院庭审直播工作面临的问题及对策》，载内蒙古自治区高级人民法院网（http://nmgfy.chinacourt.gov.cn/article/detail/2018/12/id/3617676.shtml），访问日期：2021年7月23日。

涉及一审法院与二审法院之间的衔接，而民事上诉卷宗移送过程各环节还未纳入审判流程管理系统上诉案件移送的时间，导致一审法院对上诉案件的移送进度不够关注，二审法院不主动过问案卷移送工作，二者之间的信息传递不及时，必然导致案卷移送工作进展缓慢。三是案卷管理系统不健全。部分信息尚未纳入案卷管理系统，导致一审承办人无法查询，二审相关人员查询也较为困难，监管也就存在一定的困难。除上述必须录入的信息外，法院信息系统还缺少必要的提示功能，省法院清查隐性超审限案件无提示功能，对已结案件生效与否、是否上诉、如上诉是否超过案件移送合理期间均没有提示功能。①

2. 案件长期未结、超审限

我国《民事诉讼法》规定了民事审理程序的期限，一定程度上有利于提高审判效率，及时化解民事纠纷和实现当事人权利。但目前司法实践中存在一些案件长期未结，超过法定审限，"造成证据褪色、证人记忆力减退、重复交错举证与辩论导致判断迷失、法官心证模糊等弊端，从而导致事实认定不符合客观真实"②，严重影响了裁判的公正性。

笔者抽检了广东省深圳市某区 2020 年的 94 个民事案件，通过识别裁判文书中立案日期和审判日期获得每个案件的审结期限，发现案件的平均审结期限为 212.8 天，最低审结期限为 66 天，最大审结期限为 665 天（见表 7）。

---

① 参见马清来《关于解决部分民事上诉案件移送时间过长问题的建议》，载郑州市中级人民法院网（http://zzfy.hncourt.gov.cn/public/detail.php?id=22451），访问日期：2021 年 8 月 10 日。

② 唐力：《民事审限制度的异化及其矫正》，载《法制与社会发展》2017 年第 2 期，第 181 页。

表7　广东省深圳市某区人民法院审结期限情况

审结期限	案件数量（件）	案件比例
90天以下	5	5.32%
超过90天且180天以下	41	43.62%
超过180天	48	51.06%

从表7中的数据可以看出，审结期限超过180天的案件数量占总体案件数量的比例超过50%。根据《民事诉讼法》的一般性规定，人民法院适用普通程序审理一审民事案件的法定审限为6个月，这意味着超过一半的案件的审结期限超过法定的6个月。固然，其中有部分因案件审结难度过大等原因而不得不延长审限，但仍能说明该地区人民法院存在一定数量超审限审结的案件。

之所以存在这样的情况，笔者认为可能是以下原因造成的：一是在规定的审限里，一个案件要经历当事人起诉、法院审查及立案、送达、答辩、举证、证据交换、开庭审理、法官评议、宣判等主要诉讼阶段的完整环节，当某一环节所占用的时间过多时，就可能会导致案件审理的时间超出法定审限。二是我国制定的审限制度是从以人民为中心的视角出发设定统一的审限以约束法官，在一定程度上忽略了法官的专业需求，导致个案审结期限的特殊需求与"划一"的法定审限发生冲突，出现案件审结超审限的问题。

（四）调解制度"空转"

调解是民事诉讼的一项基本制度，对化解矛盾、解决纠纷、促进社会稳定、减轻当事人诉讼负担、节约办案成本、提高审判质量与效率都具有重要作用。但由于缺乏相关的制度保障，当事人愿意调解但不得不选择诉讼，出现调解制度"空转"的现象。

（1）诉前保全的程序"空转"，无法保障调解制度的有效运行。调解制度受信赖的原因之一是期待对方主动履行给付义务，以避免"执行难"问题，而诉前保全可以从最开始就解除当事人对于"执行难"的担忧；因此，如果在调解之前就可以实现诉前保全，当事人是有极大的意愿去接受诉前调解的。从立法规定来看，我国《民事诉讼法》规定的诉前保全程序也是适用于调解的，但实践中为调解所做的诉前保全较少，立法所规定的程序与司法实务中诉讼程序呈现两种面相，其必然导致当事人为了维护自己的合法权益不得不选择诉讼，而不愿意接受调解。根据笔者的调研结果，全国有极少部分法院可以适用"诉前保全+诉前调解"模式（详见附表9），这可以为我们提供一种经验参考。

（2）存在当事人利用调解制造虚假债务的现象。有的当事人会恶意利用调解制度将自己所有的财产转移至他人名下，以规避对合法债权的履行。调解因欠缺充分的程序保障和司法权威震慑，债务人更易滋生反悔、敷衍等不良心理。除当事人恶意进行诉讼调解之外，当事人可能会因为调审合一的模式产生"诉讼调解'合意贫困化'现象"。

（3）笔者在"威科先行·法律信息库"检索调解协议文书时发现，为保证纠纷解决的彻底性，当事人通常会在调解协议中加上"再无其他纠纷""其他无争议""协议未尽事宜，互不追究"等类似句式，结果见表8。

表8 调解协议中另有语句情况

关键词	分布情况
再无其他纠纷	9742条结果
其他无争议	16911条结果
协议未尽事宜，互不追究	57条结果

虽然这些类似条款或许能够满足当事人彻底解决纠纷的期望，但因缺乏语言表述上的严谨性，在司法语境中可能会起到适得其反的效果。例如在"陈某诉黄某樟、天安财产保险股份有限公司阳江中心支公司机动车交通事故责任纠纷案"中，双方达成"原告陈某不得

再就本案交通事故纠纷向被告黄某樟、天安财产保险股份有限公司阳江中心支公司主张任何赔偿责任"的协议内容，如果事后陈某病情变化产生后续治疗费用，该约定条款的效力可能会直接阻碍受害方当事人继续获得司法救济的机会。但现有法律法规赋予调解结案的当事人救济渠道相对有限，而不适当的协议条款会进一步增加其救济难度。①

造成这些现象的原因可能有以下两方面：一是经法院调解的案件当事人对于自己所签订的调解协议，其中任何一方如果反悔或者不愿履行当初所签订的调解协议的时候，法院便进入强制执行程序，没有对反悔的一方进行惩罚，造成调解双方背叛调解协议，最终造成自身权益损失。二是申请诉前保全时，立案人员可能没有实质审查案件的实体法律关系，对于案件事实的认定并不全面而细致，一旦保全错误，会严重损害当事人的实际权益，而当事人也会因此向法院提起损害赔偿之诉，因此，法庭对诉前保全较为慎重，甚至可能不愿意适用诉前保全程序。

（五）诉讼服务意识不够，办案流程不透明

截至 2021 年，广东省 158 个法院已实现网上立案全覆盖。不仅如此，一个集网上立案、网上开庭、网上送达等于一身的全流程网上办案新模式正在形成，且广东法院诉讼服务网功能已拓展至网上证据交换与质证、网上开庭、网上送达、网上阅卷、网上调解等，实现了诉讼服务全业务覆盖、全流程公开、全方位融合。笔者通过走访广东省内律师及涉诉当事人，发现目前广东省诉讼服务仍存在以下问题。

（1）省内外各诉讼服务平台衔接不畅。一方面，广东省与其他各省的线上服务平台在功能和要求等各方面存在一定的差异，部分律师反映跨省案件要想完全实现线上办理存在一定的困难；另一方面，广东省内也存在众多线上诉讼服务平台，例如"粤公正""广州微法

---

① 参见李树训、冷罗生《论我国诉讼调解制度保障体系的完善》，载《华南理工大学学报（社会科学版）》2019 年第 4 期，第 73 页。

院""微法院""深圳微法院""东莞一法诉讼服务"等,各个平台之间存在信息差异,导致省内同一案件在此平台上能查到,但在彼平台上却无法查询,同一案件不同平台上能查询到的信息也不同,这给非专业人士网上立案和查询带来了不便。此外,诉讼服务平台与裁判文书网等也存在信息不对称现象,如已经在裁判文书网上公开的广东省内案件,在广东省诉讼服务平台可能显示"暂无数据"。

（2）同一诉讼平台上各法院衔接不畅。据部分律师反映,针对一些案件,省内部分法院存在"踢皮球"或争夺管辖权的情况,导致一个案件被反复移送,迟迟未能立案。不同法院对同一案件的立案标准、证据审查判断的标准、信息填写要求和格式要求不同,一个案件、相同材料,在不同法院申请立案的结果可能大相径庭。

（3）省内各地法院的线上工作效率差异较大,部分法院工作效率有待提高。在立案审查上,有些地区法院线上立案审查速度较快,例如东莞是2～3天,有些地区审查速度较慢,平均在7天左右。打通线上诉讼服务平台的一大目的就是提高审判效率、促进司法公正,如若当事人通过线上立案还没有线下立案方便迅速,那么诉讼服务平台的效能便会大打折扣。此外,还存在"立案通过后无下文"的情况,即虽然系统中已显示立案成功,但当事人及其代理律师未收到任何递交材料的通知,或迟迟不被安排开庭。

（4）线上手续烦琐,平台缺乏技术支撑。据统计,绝大部分律师反映在经办"系列案"时上传案件流程繁多,需耗费大量的时间和精力。尤其是知识产权案件,往往材料众多、案情复杂,如果在系统上上传材料会比较烦琐,非专业人士往往束手无策。此外,平台会存在卡顿等技术问题,需要进行周期性的检查和修复。

（5）办案流程信息不全。部分网站只能查询到立案结果、案号、经办法院等简单的案件信息,对于案件经办人、案件进程等重要和具体的信息无法查询。

（6）存在对异地涉诉当事人的通知不加释明的现象。经笔者查询,有许多省外人士"莫名其妙收到广东诉讼服务平台的验证短信"。其中部分是诈骗盗用信息,也有部分是由于异地当事人涉及了广东省内的诉讼。

（7）诉讼费用收取存在问题。目前各基层人民法院的诉讼费尤其是案件受理费和执行费仍然存在诸多问题，需要予以重视和解决。如存在无理由以缓代免的案件受理费、以缓代免的案件受理费未采取措施形成免交、未及时退还案件受理费、少收或者不收案件受理费和执行费、案件受理费和执行费存放于过渡账户不上缴国库、坐收坐支案件受理费和执行费等问题。

（六）司法人员枉法裁判

一次不公正的裁判，其恶果甚至超过十次犯罪。司法是维护社会公平正义的最后一道防线，司法审判权的公正行使是司法活动发挥定分止争作用的基础性保障。而公正又是司法的生命线，司法公正对社会公正具有重要的引领作用，司法不公对社会公正具有巨大的破坏作用。因此，若司法人员在民事司法活动中枉法裁判，不仅会严重践踏法律的尊严和权威，还会动摇群众对社会公平正义的信心。

目前，部分司法人员缺乏对公正司法的信仰，在民事审判活动中故意违背事实和法律，做出有利于请托一方的判决，这侵害了当事人的合法权益。

在"威科先行·法律信息库"中，笔者以"民事枉法裁判罪"为案由进行检索，共匹配到21条结果，经过逐一查阅相关结果，发现总计有18件案件涉及司法人员枉法裁判的问题（见图14）。其中，案件分布前二的省份为安徽（3件）、山西（3件），案件集中分布在2016年以后。

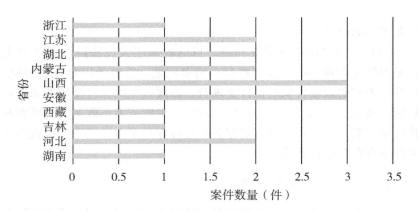

图 14　民事枉法裁判罪案件地域分布情况

2009 年至 2021 年，全国范围内 10 个省份枉法裁判罪案件量总体维持在较低的水平，只有 18 件（见图 15）。根据其裁判结果来看，定罪免处案件量为 7 件，适用实刑案件量为 6 件，适用缓刑案件量为 2 件，判处无罪和准许撤回起诉案件量各有 1 件，其他裁判结果（中止审理后恢复审理）案件量为 1 件。由此可知，民事枉法裁判罪的现状是定罪案件少、生效案件少和适用实刑案件少。

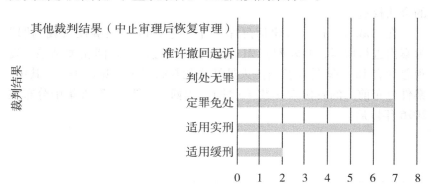

图 15　民事枉法裁判罪案件裁判情况（单位：件）

笔者将 18 件案件中法院判处实刑的案件抽调出来，发现法院之所以对被告人判处实刑，是因为这 6 件案件中的被告人对民事诉讼当事人造成了较为严重的经济损失（详见附表10）。特别是在"张某某民事、行政枉法裁判罪"一案中，张某某因受李某1、同学吴某及其所在法院副院长王某某的请托，枉顾事实，不采纳相关人员的陈述，不仅造成郭某的正当财产权益受到侵害，还造成本该一审就可以审结的案件又经历了二审和再审，造成国家司法资源的浪费。

民事司法中出现枉法裁判问题的原因在于以下几点：一是民事审判直接调整社会经济生活和利益分配，面对的利益诱惑较多，而部分司法人员思想警惕有所放松，容易走上枉法裁判的邪路。二是缺乏事前的司法监督机制，我国现有的外部监督体系是一种事后监督，存在一定的滞后性，不能及时有效地遏制司法人员在办案过程中的枉法裁判行为。三是实践中对于法官枉法裁判行为的认定存在一定的模糊性，使得部分司法人员抱有侥幸心理，妄图在民事司法活动中浑水摸鱼。比如，在2019年的"王某忠民事枉法裁判"一案的庭审直播中，检察机关认为王某忠在民事审判活动中徇私情、故意对应当采信的证据不予采信、故意违反法定程序，做出枉法裁判，但王某忠陈述自己未有过获利，更未有过枉法裁判之行为。

（七）执行难与执行不透明

生效法律文书的执行，是整个司法程序中的关键一环，事关人民群众合法权益的及时实现，事关经济社会发展的诚信基础，事关司法权威和司法公信力的有效提升，事关全面依法治国基本方略的贯彻落实。从20世纪80年代后期开始，随着我国改革开放的不断深化，经济社会发展日趋活跃，诉讼案件数量大幅增长，一些生效法律文书得不到执行，被人民群众称为"执行难"，执行不了的法律文书被称为"法律白条"。长期以来，执行难不仅成为困扰人民法院的突出问题，也成为人民群众反映强烈、社会各界关注的热点问题。

从人民法院工作执行情况来看，执行难主要表现在：一是查人找物难；二是财产变现难；三是排除非法干预难；四是清理历史欠账难。执行难问题由来已久，特别是无财产可供执行案件缺乏合法规范的甄别退出机制，导致陈案越积越多，有的案件长期得不到解决，存在严重风险隐患。一些矛盾尖锐的信访老案化解难度较大，需要投入大量人力物力予以解决。

同时，由于执行行为的形式判断性、执行条件的不断变化性、执行行为讲求迅速及时性等客观原因及权力被滥用的主观原因，又引发了执行程序中的"执行违法"与"执行不当"行为。两种执行瑕疵的蔓延不仅损害了执行当事人、案外人的合法权益，还侵蚀着司法公正与司法公信，因此有必要在解决执行难的同时，重视对执行乱、执行不透明的规制。

（八）违反法定程序

1. 遗漏当事人/第三人

在"中国裁判文书网"上，笔者以"民事案件""追加第三人""违反法定程序""广东省""裁定书"为关键词进行检索，共匹配到75份因一审法院未追加第三人而被二审法院认定为程序违法并撤销原判发回重审的裁定书。其中大部分裁判作出的时间为2019年，集中在深圳市中级人民法院。部分案件具体情况详见附表11。

根据对判决书的分析，一审法院未追加第三人的表现有二：第一，直接忽视当事人追加第三人的申请；第二，对案件事实进行分析后明确不予追加。一审法院采取上述做法的原因可能有以下几点：第一，法律适用错误；第二，事实认定错误（或与二审法院在事实认定上意见相左）。针对上述问题，应在绩效考核、出台指导案例集、专家智囊团、立法层面明确应追加及不应追加的情形等。

2. 违法缺席判决/送达

在"中国裁判文书网"上，笔者以"严重违反法定程序""送达程序""裁定书""本案发回""广东省"为关键词进行检索，共检索到121篇文书。部分案件具体情况详见附表12。

除存在遗漏追加第三人的情形外，还存在因送达程序违法导致二审撤销原判发回重审的情况。从裁判文书可看出，广东省内违法送达及缺席判决的案例数量多、散布均匀、时间集中在近几年。该情形下一审法院的违法做法主要体现在：第一，未通知当事人出庭；第二，送达信息错误（填错当事人信息等）；第三，未依法定顺序或程序进行送达。其中，绝大部分属于第三种情形项下的"未穷尽送达措施而直接采取公告送达方式"。

3. 回避/审判组织的组成

根据附表13的案例显示，回避或审判组织的组成主要存在以下几种违反法定程序的情况：第一，变更合议庭组成人员而未通知当事人；第二，合议庭组成成员未参与庭审；第三，告知当事人的合议庭成员与作出判决、裁定的合议庭组成成员不一致；第四，应回避而未回避等。随着法官员额制改革的不断推进，在地方上，江西省最高人民法院2019年的判例显示，非员额法官参加合议庭审理案件，也属于因审判组织的组成不合法导致违反法定程序的情形。

4. 遗漏诉讼请求

法院判决既未在"本院认为"中对当事人的某项诉讼请求是否成立进行分析，也未在判决主文中对此项诉讼请求能否支持进行判定，属于遗漏当事人的诉讼请求。[①] 我国关于遗漏诉讼请求救济制度的规定还不够全面，主要表现在以下几方面：首先，第二审人民法院按照"调解＋发回"的方式处理遗漏诉讼请求的规定不够合理；其次，再审程序不宜作为救济遗漏诉讼请求的正当程序；最后，我国现行有关遗漏诉讼请求的规定缺乏整体性和系统性，详见附表14。

部分在司法实践中严重违反法定程序的情形详见附表15。

（九）法院之间的工作机制问题

法院系统作为一个整体行使国家的司法权，必然涉及个体法院内部、法院和法院之间的工作协调，我国民事诉讼法在立法上已经调整了个体法院内部之间的工作协调机制，但并未调整法院与法院之间的工作协调机制，导致法院之间的工作机制存在问题。其中，民事诉讼恶意争夺管辖权的问题和委托送达难的问题较为突出。

---

① 刘某诉大连华成天宇房地产开发有限公司房屋买卖合同纠纷案，参见最高人民法院（2016）最高法民再13号民事判决书。

1. 恶意争夺管辖权

恶意争夺管辖权的情形多发生于跨省域的民事诉讼争议,其实质是地方利益保护主义对民事诉讼领域的渗透。民事诉讼恶意争夺管辖权的突出表现形式是不同的法院基于当事人不同的诉讼请求而各自强调各自的管辖权,并且出现了不少在管辖争议尚未解决的情况下一些法院抢先判决的情况(详见附表16)。① 这不仅会严重损害人民法院中立、公正的裁判机关形象,更会对司法的统一性和严肃性造成巨大影响。

之所以会出现民事诉讼恶意争夺管辖权的情况,可能是因为我国地方人民法院的设置是按照行政区划的设置而进行相应的设置的。在处理其所在地的当事人与外地的当事人的经济纠纷时,如果涉及当地影响较大的经济纠纷案件,当地政府进行干预,法院基于其管理体制上的弱点,往往无法独立司法,从而在其他法院已经受理的情况下进行重复受理,从而形成管辖权争议。在这种情形下,地方法院成了地方的法院,而不是国家设在地方的法院。②

2. 委托送达难

在"威科先行·法律信息库"中,笔者以"民事案件""判决书""广东省""委托送达"为关键词进行检索,共匹配到172份涉及委托送达的民事诉讼判决书。其中,大部分裁判作出的时间为2016—2021年,集中在广州、深圳和东莞地区中级人民法院。部分案件具体情况详见附表17。

通过分析判决书可知,委托送达的问题主要体现在:一是受委托法院无回复,委托送达工作难以为继;二是受委托法院委托送达工作不规范,出现程序瑕疵。

委托送达难的原因包括:一是没有统一的委托送达工作协调机制。虽然《民事诉讼法》和《最高人民法院关于适用〈中华人民共

---

① 如山西微风思普瑞无人系统有限公司、陈某劳动合同纠纷案。
② 参见赵彬《对民事诉讼管辖权争议的思考》,参见中国法院网(https://www.chinacourt.org/article/detail/2004/07/id/123474.shtml),访问日期:2021年8月10日。

和国民事诉讼法〉的解释》对于委托送达均有相关规定,但该规定较笼统,既没有规定法院之间如何对接,也没有规定委托送达的协调部门,导致委托法院和受委托法院之间沟通不畅,甚至出现受委托法院不愿意承接委托送达任务的现象。二是受委托法院无送达动力。我国各级法院长期面临着"人少案多"的问题,工作压力极大,而委托送达任务未纳入法官年度工作考核指标中,因此,受托法院并不愿意耗费有效工作时间来完成委托送达工作。

三、行政司法方面

在广东省行政诉讼的司法实践中,除上述提及的民事诉讼存在的遗漏当事人等情况外,还存在以下几个影响司法公正的问题。①

(一)诉讼与信访比例失衡

一个理想的制度设计是:全国如有1000万件行政复议案件,那么就有100万件为行政诉讼案件,信访案件只有10万件。然而实际情况却与理想设计恰恰相反。②根据广东省高级人民法院各年度工作报告、行政诉讼情况报告以及广东省信访局的统计数据显示:2018年,广东省高级人民法院新收行政案件35.848万件,全年,国家、

---

① 本部分数据参见《2018年度广东省行政诉讼情况报告》,载广东法院网(http://www.gdcourts.gov.cn/index.php?v=show&cid=226&id=54055),2019年9月18日;《2019年度广东省行政诉讼情况报告》,载广东法院网(http://www.gdcourts.gov.cn/index.php?v=show&cid=226&id=55545),2020年8月16日;《2020年度广东省行政诉讼情况报告》,载广东法院网(http://www.gdcourts.gov.cn/index.php?v=show&cid=226&id=56221),2021年8月5日;《广东省高级人民法院2018年工作报告》,载广东法院网(http://www.gdcourts.gov.cn/index.php?v=show&cid=86&id=53160),2019年2月18日;《广东省高级人民法院2019年工作报告》,载广东法院网(http://www.gdcourts.gov.cn/index.php?v=show&cid=86&id=55234),2020年4月15日;《广东省高级人民法院2020年工作报告》,载广东法院网(http://www.gdcourts.gov.cn/index.php?v=show&cid=86&id=56229),2021年8月13日。

② 最高人民法院:《"民告官"案年超400万件 被指"很不正常"》,载《京华时报》2014年11月5日。

省、市、县四级信访工作机构录入涉及广东省信访事项的有24.06万件，二者比值约为1.5∶1。2019年，广东省高级人民法院新收行政案件4.148万件，全年四级信访工作机构录入涉及广东省信访事项的共有25.85万件，二者比值约为0.16∶1。2020年，广东省高级人民法院新收行政案件3.842万件，全年四级信访工作机构录入涉及广东省信访事项的共有40.15万件，二者比值约为0.095∶1。

从上述数据来看，行政诉讼案件与信访事项的数量比值和理想中"10∶1"的状态截然相反，2020年甚至出现了1∶10的情况。由此可见，虽然广东省行政诉讼案件数量呈现逐年递减的趋势，但不能忽视信访事项数量背后所隐含的社会矛盾实际情况。行政诉讼案件与信访事项数量比值不增反降，可以从一个方面反映出行政诉讼水平有待提高。

究其原因，一方面离不开制度设计本身，以及老百姓"信访不信法""权力大于天"的思想观念和法治意识的缺失。另一方面，也可以从司法机关自身寻找原因。

首先，行政诉讼案件的司法效率有待提高。诉讼与信访存在着效率差异，一个行政诉讼案件从立案、审判到执行可能要耗费数年之久，走诉讼途径很可能费时费力，并且最终有可能一无所获，而通过信访却可以用两个月解决一些诉讼5年都解决不了的问题。对于当事人来说，选择哪种途径更便捷不言自明。

其次，行政诉讼成本投入过高。诉讼与信访存在着成本差异，除了上述时间成本，行政诉讼当事人还需花钱聘请律师，从而产生高额的诉讼费用。而大部分人对信访的认识是亲力亲为、零成本。许多行政争议中的当事人是处于弱势地位的老百姓，缺乏聘请律师的经济能力，因此，他们更倾向于选择看起来低成本甚至是零成本的信访。

最后，行政诉讼的司法公信力有待提高。2015年年底××市政府及××省政府宣称的"零败诉"引发一些网友质疑[①]——"民告官"为何胜诉率不高？是否存在行政干预司法问题？司法机关应充

[①] 郝洪：《如何认识"政府零败诉"》，载《人民日报》2016年1月21日第5版。

分认识到，公众对于行政诉讼中政府"零败诉""低败诉"的质疑，背后有其历史与现实的"语境"。因此应不断提高司法公信力，以公正裁判树立良好形象，改变民众形成的"民告官难告赢"的思维定式。

（二）审判组织组成不合法

据调查，行政诉讼中的审判组织组成不合法问题主要体现在以下两个方面。

第一，未告知当事人合议庭组成人员或告知的审判人员与实际不一致。例如，在"张某与佛山市人民政府行政复议不予受理纠纷"[①]一案中，当事人张某上诉理由之一是"原审程序违法，影响正确判决。一审审判组织不合法，庭前告知合议庭成员包括何某容，庭审时却由王某代替"。然而，广东省高级人民法院（2014）粤高法行终字第272号行政判决书对当事人提出的审判组织不合法问题未做回应。

第二，审判组织的组成人数不符合法律规定。一些行政诉讼案件一审并非采用简易程序，但在审判时却是独任制审理。[②]

（三）行政行为的合法性有待提高，过度调解导致诉讼拖延

2019年，广东省法院共审结一审行政案件22910件，其中判决行政机关败诉2602件，行政机关一审败诉率为11.4%，主要集中在农村集体经济组织成员资格确认、征地拆迁补偿和商事登记等方面。全省法院共审结各类涉民生行政案件11751件，同比增长30%，以调解或撤诉方式结案2766件，主要集中在征地补偿、行政赔偿、社保待遇、公积金给付等涉民生案件。数据显示，2019年，广东省原

---

① 张某诉佛山市人民政府行政复议不予受理纠纷案，参见广东省高级人民法院（2014）粤高法行终字第272号行政判决书。
② 如孔某湛诉广州市番禺区人民政府钟村街道办事处案，参见广东省高级人民法院（2019）粤行申1276号行政判决书。

告主动撤诉结案 2732 件，调解结案 34 件，同比分别增长 2.9%、61.9%。全省一审行政案件的调撤率达 12%。①

2015 年 5 月 1 日，我国新修订的《行政诉讼法》正式实施，新的《行政诉讼法》适应法治的发展趋势，有限地引入了调解制度。虽然从本质上来说该法对行政诉讼调解仍持否定态度，只是放宽了例外的范围，但对于我国行政诉讼领域来说仍是一大进步。以列举的方式规定有限的调解范围，不仅给行政机关与行政相对人一个以平和的方式解决矛盾的机会，而且在规范撤诉、节约司法资源、实现案结事了等方面具有重要意义。然而，过度神化调解，会侵蚀司法的审判权能，导致审判分流社会矛盾的作用萎缩。行政诉讼中的调解应当是一种有限调解，我国行政诉讼调解制度发展慢，适用范围窄，且以限制为原则，在制度上没有相应的配套机制予以配合，难免出现实践中调解不规范、调解起反作用的情形。② 在调解制度引入后，产生了为调解而调解、全然不顾案件本身的性质与类型及调解难度，片面极端追求调解率，从而导致诉讼拖延、"以拖求调"的现象。③

（四）单位负责人到庭应诉制度和败诉行政案件监督制度不完善

全面推进依法行政、加快建设法治政府是全面实施依法治国方略、加快建设社会主义法治国家的必然要求。依法行政，就要求每一个行政行为都经得起行政相对人的检验，经得起每一起行政官司的审查和拷问。因此，当公民、法人和非法人组织因质疑行政机关行为不当而提起行政诉讼时，行政机关必须从依法行政的高度切实转变观念，树立"出庭就是责任、应诉就是公务"的法治观念，积极落实

---

① 参见《2019 年度广东省行政诉讼情况报告》，载广东法院网（https://www.gd-courts.gov.cn/index.php?v=show&id=55545），访问日期：2020 年 11 月 25 日。
② 参见陈阿妍《行政诉讼有限调解研究》，载中国法院网（https://www.chinacourt.org/article/detail/2016/12/id/2399980.shtml），2016 年 12 月 19 日。
③ 邓俊明：《当前诉讼调解中存在的问题及完善的对策》，载中国法院网（https://www.chinacourt.org/article/detail/2013/01/id/817092.shtml），2013 年 1 月 28 日。

单位负责人到庭应诉制度和败诉行政案件监督制度。广东省在落实单位负责人到庭应诉制度和败诉行政案件监督制度方面仍有不足之处，集中表现在行政机关负责人出庭应诉率较低和极少数行政机关拒不整改败诉行政案件。

1. 行政机关负责人出庭应诉制度有待进一步完善

行政机关负责人出庭应诉，以积极的态度出庭发声，既有利于展示法治政府的良好形象，又有利于强化行政机关依法行政的能力，更有利于实质性地化解行政争议，对加强法治政府建设具有重要意义。

在广东省高级人民法院的积极推动下，广东省人民政府于2016年10月出台《广东省行政应诉专门规定》，并将行政机关负责人出庭应诉工作纳入依法行政考核体系和法治政府建设年度报告中，有力地促进了行政机关负责人出庭应诉制度的有效施行。根据广东省行政诉讼情况报告，2019年各级行政机关负责人应诉4858件，比2018年度增长了27%。2020年行政机关负责人出庭应诉5829次，同比增长20%。汕尾、江门、河源等市市长或副市长等分别带头出庭应诉，"告官能见官"在广东渐成新常态。然而，即使2020年广东省行政诉讼负责人出庭应诉率达到了历史新高度，占比为35.9%，但行政机关负责人应诉制度仍存在一些问题。例如，行政机关负责人出庭应诉率较低、出庭形式化、部门间存在不平衡性、行政机关法定代表人出庭应诉较少、应出庭而不出庭的法律责任模糊等。

2. 对败诉行政案件整改情况的监督力度稍显不足

行政诉讼是解决行政争议，保护公民、法人和非法人组织合法权利，监督行政机关依法履行职权的重要方式，因此，当行政机关败诉、相关行为被认定为不法或不当时，行政机关应按照裁判理由找出不法或不妥的原因并进行改正。但是，我国行政诉讼后监督制度不够完善，缺乏刚性的制度机制督促行政机关整改败诉行政行为，导致极少部分行政机关在败诉后拒不改正错误的行政行为，拒不履行法院的生效判决，这不仅损害了司法权威，也破坏了行政机关的公信力。

我国《行政诉讼法》第65条第三款和第96条规定了行政机关拒绝履行法院生效判决、裁定，人民法院可以对其采取的措施。因此，以"《行政诉讼法》第六十五条"和"《行政诉讼法》第九十六条"在行政诉讼案件中的适用情况可以观察到广东省行政机关败诉后是否履行法院生效判决的情况。在"威科先行·法律信息库"中，笔者以"《行政诉讼法》第六十五条""《行政诉讼法》第九十六条""广东"和"行政"为关键词进行检索，共采集到37件案件，经过逐一检索，发现35件案件的裁判结果都是法院驳回原告诉讼请求或者驳回原告上诉，这意味着广东省总体上情况较好，行政机关依法行政水平较高。但同时，笔者也发现，极少数行政机关存在不履行法院生效判决的现象。

经过分析，笔者认为造成极少部分行政机构败诉后拒不整改败诉行政行为的原因有以下两点。

（1）我国现有的行政诉讼诉后监督反馈机制尚不完善，主要关注司法审判对个案行政行为的监督，败诉行政案件通常只直接影响到涉及的个案行政行为，仅发挥出"点对点"的职能作用。

（2）极少数行政机关和工作人员对新时代全面依法治国的重要性认识不足，不尊重司法权威，对正视行政行为中的错误和不妥抱有抵触态度。

四、法律监督方面

（一）刑事检察监督职能有待加强

检察机关的刑事检察监督职能在其司法监督体系中占有相当重要的地位，它既是教育全体公民严格遵守法律、预防犯罪的有力手段，又是消除司法腐败、保障刑事司法机关正确适用法律的重要环节。[①] 依法开展刑事检察工作，秉持客观公正立场，当好犯罪的追诉者、无辜的保护者、中国特色社会主义法律意识和法治进步的引领者，是检

---

① 参见张穹《刑事法律监督是中国刑事法制建设的重要保障》，见《检察论丛》（第1卷），法律出版社2000年版，第35页。

察机关必须达到的要求。但从调研结果来看,广东省检察机关的刑事检察监督职能实际上还有提升的空间。

在"威科先行·法律信息库"中,笔者检索了全国及广东省近三年来(2018—2020年)的刑事司法案例数量,具体情况见表9。

表9 2018—2020年全国及广东省刑事司法案件数量统计

年份	全国刑事案件数量（单位：件）	广东省刑事案件数量（单位：件）	案件数量占比	在各省中排名
2018	1558293	121912	7.87%	1
2019	1646881	127278	7.76%	1
2020	1391635	106094	7.65%	1

由表9可知,广东省刑事案件数量在全国范围内来说相对较多,近年来治安形势虽明显向好,但近三年来发案数量的占比仍在7.7%左右。

同时笔者检索了最高人民检察院、广东省人民检察院近三年(2018—2020年)的工作报告,对其中涉及刑事抗诉的公开数据①进行了对比分析,具体情况见表10。

表10 2018—2020年全国及广东省刑事抗诉案件数量统计

年份	全国刑事抗诉案件数量（单位：件）	广东省刑事抗诉案件数量（单位：件）	案件数量占比
2018	8504	457	5.37%
2019	8302	438	5.28%

---

① 数据来源于《2019年广东省人民检察院工作报告》《2020年广东省人民检察院工作报告》《2021年广东省人民检察院工作报告》《2019年最高人民检察院工作报告》《2020年最高人民检察院工作报告》《2021年最高人民检察院工作报告》。

续上表

年份	全国刑事抗诉案件数量（单位：件）	广东省刑事抗诉案件数量（单位：件）	案件数量占比
2020	8903	530	5.95%

由表 10 可知，广东省刑事抗诉案件数量近三年来（2018—2020年）在全国同类案件中占比为 5.5% 左右，这一数值相比广东省刑事案件总体发案数量在全国刑事案件数量中的占比还是较低的，这表明广东省检察机关的刑事检察监督功能还有提升的空间。

（二）民事检察监督职能近年来有弱化现象

民事检察监督是指检察机关对特定的民事违法行为和民事诉讼（包括民事审判和民事执行）进行法律监督的职能或活动。① 民商事案件具有面广量大、涉及法律多、审理难度大的特点，较易产生司法不公的现象，因而公众对加强民商事案件法律监督的呼声越来越高。② 然而，民事检察监督实务中却存在着检察机关不愿、不敢、不会进行民事检察监督的现象，这造成了民事检察监督职能的严重缺位。③

民事抗诉是民事检察监督制度中最为核心的内容，是指检察机关对人民法院已经发生法律效力的民事判决、裁定和调解书，认为其违法或确有错误的，依法提出异议并要求人民法院予以再审的职能或活动。

在"威科先行·法律信息库"中，笔者检索民事抗诉的相关司法案例，检索方式为"精确"、检索案号为"民抗字"、审理法院为"广东省"，共检索到 365 条结果，具体审理年份情况见图 16。

---

① 宋小海：《民事抗诉论》，社会科学文献出版社 2017 年版，第 79 页。
② 钱武生：《"五个突破"助力民事检察监督》，载《检察日报》2018 年 12 月 7 日第 3 版。
③ 金石：《我国民事检察制度改革研究》，吉林大学 2019 年学位论文。

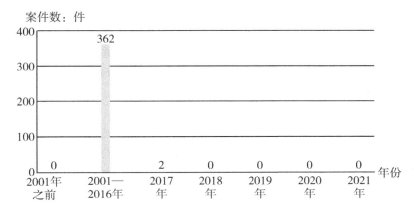

图 16　广东省民事抗诉案件数量

由图 16 可知,广东省检察机关的民事检察监督职能在近年来有一定程度被弱化的倾向。能够检索到的案件几乎全部集中于 2001—2016 年间,近五年来(2017—2021 年)的案件只有 2 个,而近三年来(2019—2021 年)则尚未检索到有关民事抗诉的案件。

对民事诉讼活动实行法律监督,是宪法和法律赋予人民检察院的重要职责,是司法为民的有力抓手。以全面实施民法典为契机,进一步加强民事检察工作,畅通司法救济渠道,加强对损害社会公共利益、程序违法、裁判显失公平等突出问题的监督,依法保护公民、法人和其他组织的合法权益,是党在新时代对检察机关的民事检察工作所提出的新的要求。①

(三)行政公益诉讼案件数量少、受案范围有限

行政公益诉讼是指对于损害国家利益和社会公共利益的行政违法行为,由法律规定的国家机关和组织向人民法院提起诉讼的制度。2017 年 6 月 27 日,十二届全国人大常委会第二十八次会议通过了关

---

① 参见《中共中央关于加强新时代检察机关法律监督工作的意见》,载新华网(http://www.xinhuanet.com/politics/2021-08/02/c_1127722859.htm),2021 年 8 月 1 日。

于修改《中华人民共和国行政诉讼法》的决定，由此正式确立了检察机关提起公益诉讼①制度。行政公益诉讼制度在确立之初就承载了在加强公益保护、促进依法行政、健全检察监督体系、强化法律监督功能、加快推进生态文明建设和法治国土建设等方面的功能期待②。该制度自正式设立以来，客观上取得了较大的成效，但在实务中也暴露出一些亟须解决的问题。

笔者检索了最高人民检察院、广东省人民检察院近三年（2018—2020年）的工作报告，对其中涉及公益诉讼的立案、起诉数据③进行了对比分析，具体情况见表11。

表11 2018—2020年全国及广东省公益诉讼案件立案、起诉数量比较

年份	全国公益诉讼立案数量（件）	广东省公益诉讼立案数量（件）	立案数量占比（广东省/全国）	全国公益诉讼起诉数量（件）	广东省公益诉讼起诉数量（件）	起诉数量占比（广东省/全国）
2018	113160	4084	3.61%	3228	116	3.59%
2019	126912	7018	5.53%	4778	274	5.73%
2020	151260	—	—	8010	511	6.38%

从表11可知，广东省公益诉讼案件的立案、起诉数量在全国同类案件中占比均不高。虽然近三年广东省公益诉讼的数量每年都有较大幅度的提升，但从广东省2020年GDP占全国GDP总量的10.9%、

---

① 公益诉讼包括行政公益诉讼和民事公益诉讼两类，实务中，行政公益诉讼的数量远超民事公益诉讼，是检察机关维护公共利益的主要渠道。

② 参见《最高人民检察院、国土资源部关于加强协作推进行政公益诉讼促进法治国土建设的意见》，载中华人民共和国最高人民检察院网（https://www.spp.gov.cn/spp/xwfbh/wsfbh/201801/t20180117_208920.shtml），2018年1月17日。

③ 数据来源于《2019年广东省人民检察院工作报告》《2020年广东省人民检察院工作报告》《2021年广东省人民检察院工作报告》《2019年最高人民检察院工作报告》《2020年最高人民检察院工作报告》《2021年最高人民检察院工作报告》。

人口数量占全国人口总量的8.93%来看，即使是2020年6.38%的案件数量占比，仍有较大的增长空间。

广东省行政公益诉讼实务所暴露出来的问题除案件数量较少外，也存在受案范围有限的问题。受案范围规定了检察机关可以提起行政公益诉讼的领域，在很大程度上决定了行政公益诉讼制度的功能发挥。《行政诉讼法》经2017年修改后于第25条第四款增加规定："人民检察院在履行职责中发现生态环境和资源保护、食品药品安全、国有财产保护、国有土地使用权出让等领域负有监督管理职责的行政机关违法行使职权或者不作为，致使国家利益或者社会公共利益受到侵害的，应当向行政机关提出检察建议，督促其依法履行职责。行政机关不依法履行职责的，人民检察院依法向人民法院提起诉讼。"立法上对受案范围的规定并没有完全明确，因而学界对检察机关有权提起行政公益诉讼的领域范围存在着争议，这种理论上的争议传导至实践领域，导致绝大多数行政公益诉讼案件被局限在法条中所明确规定的四大领域。

在"威科先行·法律信息库"中，笔者检索相关裁判文书，检索方式为"精确"、检索关键词为"公益诉讼"、案由为"行政"、文书类型为"裁定书"和"判决书"，共检索出171份判决书和53份裁定书，除去8份解决管辖问题、补正裁判文书错误的裁定书外，尚有216份。经检视，审理法院在广东省内的裁判文书仅4份，在全国居第14位，这在一定程度上也能反映出上文所述广东省行政公益诉讼案件少的问题。而从案件类型来看，这4份裁判文书均为"生态环境和资源保护"案件，具体情况详见附表18。

同样，笔者对这216份裁判文书的案件类型进行统计，发现几乎全部集中在了法条中所明确规定的四大领域，具体分析结果见图17。

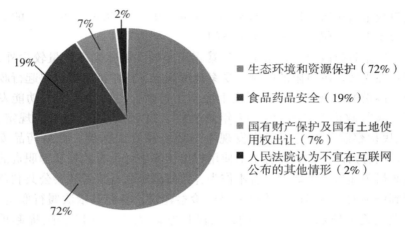

图17　行政公益诉讼案件类型分析

受案范围的过于狭窄已成为行政公益诉讼制度发挥最佳效用的阻碍，法条中所列举的四种受案范围对于公共利益的保护可以说是远远不够的，因而适当突破法条列举的受案范围、稳妥探索人民群众反映强烈的公益损害问题，成为发展行政公益诉讼制度的当务之急。值得肯定的是，广东省检察机关在2021年工作报告中已经明确提出要积极开展个人信息保护、大数据安全等新领域的行政公益诉讼①，但要结合广东省省情。探索具有广东特色、广东智慧的行政公益诉讼新领域、新机制，还有很长的路要走。

（四）检察机关在"信访不信法"现象中的角色

"信访不信法"的现象由来已久，甚至已经成为解决纠纷渠道中最重要的国情。② 这其中有公民法治教育不到位、受传统法律文化的

---

① 参见《2021年广东省人民检察院工作报告》，载阳光检务网（http://www.gd.jcy.gov.cn/tjbg/jcbg/202101/t20210127_3115958.shtml），2021年1月25日，访问日期：2021年3月10日。

② 参见马怀德《"信访不信法"的现象值得高度警惕》，载《学习时报》2010年1月25日第5版。

驱使、诉讼成本高昂等因素的影响，而司法公信力的不足、法律监督的缺失、群众工作不够深入等也是其中较为突出的诱因。人民检察院是国家专门的法律监督机关，承担着法律监督的重要职能，而当下检察机关对于破解"信访不信法"难题承担着特殊的职责。

当前信访总量长期居高位运行，处置难度越来越大。以 2019 年为例，广东省检察机关审查处理群众控告、申诉、举报等各类信访50373 件，其中涉检信访为 1614 件①，这为检察机关处理信访工作带来了新的挑战。

有学者曾就广东省某市基层检察机关涉法涉诉信访的现状进行调研②，发现检察机关在处理信访纠纷时还存在如下缺陷：①检察院未能充分行使监督权。前文所述广东省检察机关在刑事检察监督、民事检察监督及行政公益诉讼等方面存在的不足之处即能体现这一点。②现有法律程序的低效率。通过法律方式解决纠纷，必然要经历各种程序，但出于实务中的各种原因，诉讼效率低下，使得当事人对走法律途径失去信心，进而开始到处上访。③工作推诿拖拉。实务中，有的工作人员对于当事人的申诉不认真对待，敷衍了事，使当事人的问题一直没有得到根本解决，致使当事人不断地上访、缠访。④控告申诉的部门权力有限。虽然法律上规定了控申部门对部分控告案件具有自办权，但是控申部门不掌握法律赋予的实际权力，必然导致很多控告问题无法从根本上得到解决，因而很多检察机关受理的控告材料实际上没有得到处理或者被拖延处理，这也是导致信访人"信访不信法"的重要原因。⑤对无理诉求人的法治教育不到位。司法实践中确有部分当事人的诉求缺乏法律和政策依据，属于无理诉求或者是目前无法解决的诉求，而有关部门的释法说理工作做得不够到位，也会使得当事人试图通过信访甚至过激上访来实现其目的。

---

① 数据来源于《2020 年广东省人民检察院工作报告》，载阳光检务网（http://www.gd.jcy.gov.cn/xwzx/jdxw/202001/t20200115_2760136.shtml），2020 年 1 月 15 日，访问日期：2021 年 3 月 10 日。

② 王成斌：《珠海市基层检察院处理信访纠纷的对策分析》，吉林大学 2012 年学位论文。

"信访不信法"现象的大量存在必然会威胁到国家法治的统一与权威,导致社会成本增加,影响行政秩序和效率,继而给社会主义法治建设带来严重的危害。检察机关应高度警惕这一现象,充分发挥法律监督机关的作用,并努力将涉法涉诉信访引入法治的轨道。

五、司法行政管理方面

(一)司法鉴定机构的管理问题

在司法诉求逐年增加、诉讼范围越来越广的态势下,司法鉴定活动中长年存在的多头鉴定、重复鉴定、久鉴不决,以致造成缠诉、闹诉等问题,依然是社会公众关注的热点。

目前,司法鉴定主要存在以下几个问题。

(1)启动程序较随意。有些案件的鉴定程序并不是必须启动的,较高的撤回率一定程度上反映了司法鉴定在启动程序上的随意性。鉴定只需承办人向庭长汇报,庭长确认签字即可启动,启动程序相对简单,弊端是审理期限大幅延长、当事人的诉讼成本加大。

(2)申请鉴定的事由与可鉴范围不统一。审判实践中,应根据案件事实及案件处理的需要确定委托鉴定的具体事项,从而界定鉴定的范围和基本方向。有的案件当事人恶意申请鉴定以拖延诉讼时间,如在借款纠纷案件中,当事人坚持要求做笔迹方面的鉴定,在鉴定程序进行过程中存在不提交自然样本、拖延或不缴纳鉴定费、无故撤回鉴定申请等现象,极大地浪费了司法资源。

(3)重新鉴定多。重新鉴定多体现在当事人单方申请司法鉴定的案件中,单方申请司法鉴定主要为诉前鉴定,即当事人为了诉讼的需要,单独委托鉴定机构出具司法鉴定意见书。在审判过程中,另一方多以鉴定缺乏客观真实等各种理由申请重新鉴定。

(4)鉴定人出庭率低。新《民事诉讼法》(2021年修正)增加了鉴定人出庭作证制度,但在司法实践中贯彻不到位,缺乏督促监督。鉴定人出庭次数少,即使要求鉴定人出庭,鉴定人也仅做书面说明，未出庭接受当事人及法庭的询问，致使鉴定结论质证的科学性和公正性难以体现。

（5）司法鉴定机构发展不平衡，案件鉴定质量有待提高。司法鉴定机构主要集中在大城市和经济发达地区。鉴定机构过于集中，必然导致鉴定机构之间为了经济利益而激烈竞争，同一个事项多次鉴定、重复鉴定的现象也屡屡发生。在案件鉴定质量方面，一是鉴定项目不全面、不细致，登记在册的鉴定项目远远无法满足现实的需要。二是鉴定机构和鉴定人员的水平有待提高。

（6）少数鉴定机构有趋利化倾向，主要表现在鉴定收费过高。由于缺乏统一的服务性收费标准，鉴定机构收费出现了较大的差异，有的鉴定项目收费过高，给弱势群体维权带来难度。虽然财政部门对涉案财产类司法鉴定收费项目及标准做出了规定，并明确了鉴定机构可以根据工作的难易程度适当下调价格，但是工作的难易程度如何界定、由谁来界定却未做出明确规定。在实际中，某些司法鉴定机构会根据该标准按照就高不就低的原则，以最高限价进行收费，未根据鉴定案件的难易程度进行收费。对鉴定部门的收费标准缺少监督机制，鉴定收费过高，使得一些当事人承受不起鉴定的成本。①

（7）司法鉴定机构设置杂乱，缺乏统一领导和有效监督。当前的司法鉴定机构属于社会中介机构，实际中从事司法鉴定工作的机构比较杂乱，有司法行政机关内设的鉴定机构，有独立的专业性鉴定机构，还有医院、学校等单位也可承接司法鉴定业务。而这些机构之间缺乏统一领导，缺乏有效监督，缺乏必要的联系与沟通，在管理上没有级别之分，只服从各自的管理部门，在司法鉴定工作中难以建立统一的司法鉴定国家认证、认可、准入、争议解决等制度，对鉴定程序规则、执业纪律、道德规范、操作规范也难以统一。②

---

① 付会青：《对外委托司法鉴定存在的问题及应对措施》，载中国法院网（https://www.chinacourt.org/article/detail/2018/08/id/3476639.shtml），2018年8月29日。
② 冷俊红：《当前司法鉴定存在的问题及对策浅议》，载中国法院网（https://www.chinacourt.org/article/detail/2013/09/id/1084669.shtml），2013年9月17日。

（8）司法鉴定标准不一，司法鉴定制度有待进一步完善。目前，多数鉴定领域没有技术标准，导致出现鉴定随意性大、重复鉴定等问题。法医鉴定的适用标准难以适应现在诉讼的要求，特别是伤残鉴定，当前只有交通事故损害赔偿的伤残等级标准和工伤事故损害赔偿的伤残等级标准，没有统一的人身损害赔偿的伤残等级标准，导致评定人身损害伤残等级时无标准可引用，出现引用的标准不同，伤残等级大不相同，同样的伤情鉴定结论相差悬殊的情况。

（9）司法鉴定收费标准难统一，出现收费混乱情况。以前公检法部门设立鉴定机构，做一次法医鉴定只要一百多元，现在做一次法医鉴定少则七八百元，多则上千元。2009年，国家发展改革委、司法部出台的《司法鉴定收费管理办法》针对的是法医、物证、声像资料。当前，司法会计、评估、质量等收费标准不统一，物价、财政、建设、土地等部门在进行价格认证、会计审计、资产评估、房产评估、工程造价审计、土地评估等时收费标准不统一。①

（10）送鉴程序缺乏统一规范。现阶段，人民法院系统还没有一部完整的规定来规范对外委托司法鉴定工作。各地法院多数根据自己的规定来进行对外委托司法鉴定工作，选择鉴定机构或鉴定人多数情况下依当事人约定和法院指定相结合的原则来进行。当事人不能协商一致或在规定的时间内无故缺席的，人民法院司法鉴定管理部门根据就近、择优与公平原则，采取随机摇号的方式确定选择社会鉴定机构或鉴定人。当事人放弃选择权或者需要由法院指定鉴定机构时，法院依据摇号的方式按照就近、择优的范围进行随机选择和指定。无明确的规定来规范程序，很难保证法院随机选择或直接指定司法鉴定机构程序的公正性。这容易造成当事人对法院选出或指定的鉴定机构缺乏信任，一旦鉴定结论对当事人不利，当事人就会质疑法院选择的公正性，从而影响法院最终裁判结果的公信力。

鉴定意见在破坏野生动物刑事案件的证据体系中至关重要，其直

---

① 如广东省司法厅对广东通济司法鉴定中心乱收费所做出的行政处罚决定书，详见粤司鉴罚决字（2020）2号。

接运用于庭审公开质证具有多维度的证明支撑功能,是检察机关发挥审前主导作用、规范侦查及鉴定行为、准确认定案件事实和适用法律、精准提出量刑建议的关键。司法实践中仍需进一步规范鉴定主体、鉴定文书、鉴定检材、鉴定方法、鉴定程序,使鉴定意见"达至法律和科学的完美结合",确保案件得到客观公正、规范合理的判决。

(11)对无效鉴定结论缺乏统一的处理办法。有些鉴定结论由于鉴定机构自身工作的问题和人为因素,导致鉴定结论无效,不能作为证据使用。在这种情况下,无论是当事人还是法院,均难以找到明确的依据要求鉴定机构承担相应的责任,更谈不上责任的追究。而对于缴纳鉴定费用的申请人,则会认为费用已缴至法院,是法院介绍、选择鉴定机构不当而导致鉴定结论无效的,因而要求法院向其返还所缴纳的费用,使当事人对审判人员产生误解而引发矛盾,致使审判人员面临被动局面。

(二)公证机构的管理问题

依托新浪舆情通平台,以2021年1月至8月为时间跨度,在"广东省公证机构管理问题"话题中,涉及信息总量19594条,其中微信8950条、客户端8344条、网站1191条、微博794条、互动论坛304条、数字报9条、视频2条、评价0条;波峰值:3880条,平均传播速度:2799.14条/月;最大舆论场:微信;媒体舆论场:找法网(见图18)。

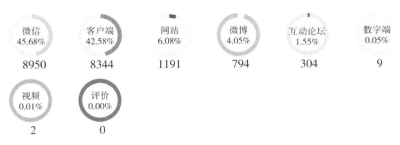

图18 "广东省公证机构管理问题"话题信息量来源平台(单位:条)

共有217家媒体参与报道，其中中央级媒体共2家：证券时报和人民网地方领导留言板，占比0.92%；省级媒体34家，包括南方都市报、广东省司法厅、找法网等，占比15.67%；地市级媒体69家，包括东莞市人民政府门户网站、佛山新闻、惠州市人民政府门户网站等，占比31.80%；商业媒体112家，包括腾讯新闻企鹅号、网易新闻、腾讯网、新浪网等，占比51.61%（见表12、图19）。

表12 媒体参与详情

指标	中央级媒体	省级媒体	地市级媒体	商业媒体
数量（家）	2	34	69	112
占比	0.92%	15.67%	31.80%	51.61%

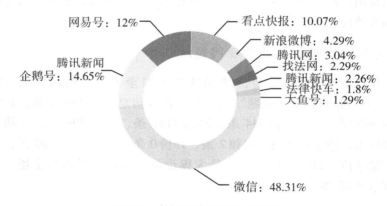

图19 参与报道媒体平台详情

在所有事件中，敏感信息共8734条，占比44.57%，中性信息共10863条，占比55.43%。于2021年4月信息量达到峰值，共3880条（见图20）。

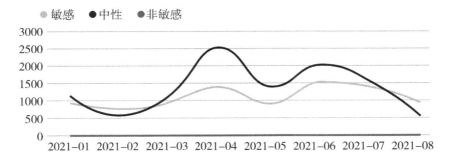

图 20　事件信息分类波动情况

在媒体报道印象中,热词前九名分别为法院(4681)[①]、案件(3630)、征收(3179)、证据(3104)、房屋(2772)、涉案(2619)、侵权(2114)、信息(2054)、证明(2053),如图 21 所示。

图 21　热词情况

对该类事件中的媒体信息进行聚合分析,提取主要观点信息后,笔者总结出前十条热点新闻,如附表 19 所示。根据上述数据及图标,

---

① 括号内为词频。

并结合对相关热频新闻的分析,可知公证行业舆情高热的几个问题。

(1) 收费高、乱收费。如同一公证处相同业务收费不同、收费标准不明、稀少语种翻译费用由双方协商收取等。《中华人民共和国公证法》第46条规定:公证费的收费标准由省、自治区、直辖市人民政府价格主管部门会同同级司法行政部门制定,如《羊城晚报》报道①。

(2) 态度保守消极,循环论证,公民体验差。如惠州知名公证事件"我爸是我爸"②。

(3) 假公证,导致虚假诉讼。近年来,对虚假债权文书进行公证的行为时有发生,一些当事人与他人恶意串通,对虚假的赠与合同、买卖合同,或抵偿债务协议进行公证,并申请法院强制执行,以达到转移财产、逃避债务的目的,如"广东中山公证处去年查处48宗假证"事件和"假证泛滥导致公证失实"事件③。

(4) 公证处工作队伍良莠不齐。部分公证处工作人员失职渎职、贪赃枉法,如"广东一公证处主任出具千份假公证"事件④。

(5) 公证处及公证员不正当竞争。如:采用不正当方式垄断公证业务;随意降低公证服务收费标准,压价竞争;随意简化公证服务程序、手续;诋毁其他公证机构的公证效力和信誉;以支付回扣、佣金等方式招揽公证业务,排挤竞争对手;进行夸大、虚假宣传,误导当事人、公众或社会舆论;突破地域限制,超管辖办理公证业务;违反规定,擅自设立办事机构或分支机构。有的公证处因公证机构之间

---

① 《公证收费"漫天要价"同一业务收费相差数百元》,载《羊城晚报》2012年2月1日,载中国新闻网(https://www.chinanews.com.cn/cj/2012/02-01/3636928.shtml?%D6%D0%B9%FA%D0%C2%D2%BB%B4%FA%C7%B1%BA%BD%D4%B1%CA%D7%B4%CE%B6%C0%C1%A2%D6%F7%BC%DD%A1%B0%F2%D4%C1%FA%A1%B1%BA%C5%CF%C2%C7%B1%D7%F7%D2%B5)。

② 如惠州知名公证事件"我爸是我爸",详见《要求循环证明"我爸是我爸",广东惠州一公证处被重组》,载《人民日报》2021年2月8日。

③ 如《广东中山公证处去年查处48宗假证》,载《南方都市报》2013年3月7日;《假证泛滥致公证失实 广东省公证处明年铁定取消》,载《南方都市报》2005年12月10日。

④ 《广东一公证处主任出具千份假公证》,载《重庆晨报》2005年1月17日。

恶性竞争为当事人违规办理公证，从而给当事人钻空子留下了空间。①

(三) 律师协会管理问题

1. 律师协会不作为、乱作为，收支不透明，对律师权益保障不够

(1) 存在行业共谋的不当行为。由于律师协会自身不仅拥有规则制定、行业管理以及违规惩罚等多方面权力，还掌握着行业内不同交易主体的信息资源，因而在竞争较为激烈的市场环境之中，律师协会容易利用自身在区域内、行业内所处的强势地位，将原本应当发挥的协调与整合功能转化为特定行业会员间共谋、合谋的不正当行为，进而危及律师行业秩序，损害不特定会员、消费者以及个别弱小企业的合法权益。② 实践中，这类行为具体表现为行业内的统一定价。③

(2) 律师协会收支不透明。律师事务所和律师每年都要向律师协会缴纳一定额度的会费，而律师协会作为行业性协会本身并不能进行经营性活动，每年的支出多指向办公等用途，律师们难以掌握会费用途，收支不透明。

(3) 对律师权益保障不够。服务是律师协会的第一要务，律师协会对广大律师的服务，既包括培训、提高和维权方面的服务，也包括文体等方面的配套服务。但个别地方律师协会及其少数工作人员没有端正服务态度，将律师协会视作行政机关，居高临下，以管代服，这种做法损害了律师对律师协会的信任感。同时，部分律师在权益受到侵害时，寻求律师协会的帮助而没有得到回应，导致律师协会被称为"富人俱乐部"，还有部分律师认为律师协会不是"律师之家"、

---

① 《公证处公证员不正当竞争危害及对策》，载思途公证网(http://www.44to.com/4745.html)，2017年5月27日。

② 参见段传龙《作为共治主体的行业协会发展研究》，西南政法大学2019年学位论文。

③ 如"湖南XH律师事务所、严某某律师不正当竞争案"。

律师的"娘家",有时甚至还不如律师的"婆家"。①

造成上述问题的原因有以下几方面:一是律师必须加入律师协会,律师协会在主管区域内具有垄断性权力,故具备形成垄断性共谋的先天性便利条件。二是组织建设不透明,未形成完善的内部管理机制,财务等管理职权往往掌控在少数管理层手上,缺乏外部审查监管,容易出现以权谋私的现象。三是律师协会的职能定位不清晰,在实践中往往变成行政管理机构,对律师会员的管理参照行政机关管理,导致律师们的权利难以得到保障。

2. 律师失信行为

(1)对当事人的失信行为。随着我国律师从业人员不断增多,市场竞争日益加剧,不少律师为争夺业务机会,不惜违背执业诚信道德的基本准则,或在案件受理阶段,片面强调诉讼的有利条件,故意对案件的困难避而不谈,诱使当事人对案件结果产生过高预期,进而轻易提起诉讼。有些律师甚至通过虚构事实、夸大损害后果等方式,唆使当事人不当地增加诉讼请求;或通过虚假承诺,明示或者暗示与办案机关、政府部门有特殊关系等,诱使当事人签订委托协议。

(2)委托关系中的失信行为。现实中,有一些律师凭借其在委托关系确立后相对于当事人的优势地位,拒不履行其法定或约定义务,不断违背承诺,违反诚实信用原则。实践中,部分律师禁不住利益的诱惑,利用职务之便,侵占当事人的合法权益。有些律师接案时,会对委托人做出很多承诺②,但是接到案件之后,不尽职尽责,不认真准备案件材料,不按时参加庭审,因过错导致出具的法律意见书存在重大遗漏或者错误,致使当事人的诉讼权益受损;少数律师私自收案、私自收费,违规进行风险代理,变相收取律师服务费以外的费用,采取分解收费项目等方式乱收费,不按规定开具收费合法票据。如在"武华新与梁某、国信信扬律师事务所侵权责任纠纷案"

---

① 参见蒋安杰《就律师队伍建设、律师权益保障和违纪惩戒问题 张军要求律师协会要"挺"在前面》,载《中国律师》2017年第9期,第10页。

② 参见李绍恒《律师执业诚信问题研究》,吉林大学2019年学位论文。

中，律师梁某在代理案件过程中严重违反律师职业道德、欺诈委托人，做出多项失信行为，详见附表20。

（3）法庭上的失信行为。在民事诉讼的实践中，一些被告的代理律师在收到法院的传票后，为了争取更多的诉讼准备时间，不管有理无理，一律提出管辖权异议，以拖延诉讼进程。在刑事诉讼中，被告的代理律师为谋取证据优势，教唆当事人滥用被告人的沉默权，在法庭上对法官和检察官采取完全不合作的态度，阻碍诉讼的正常推进。还有的律师为了谋取不正当利益，不惜违背法律规定，大闹法庭。

律师诉讼失信还体现在证据和案件事实造假行为上。在诉讼过程中，有的律师为追求胜诉以及获取高额风险代理费用，面对毫无胜算的案件，不惜铤而走险，通过伪造证据，唆使当事人或证人提供虚假证言的方式，歪曲案件事实，欺骗检察官和法官，破坏司法公正。

在"威科先行·法律信息库"中，笔者以"辩护人、诉讼代理人毁灭证据、伪造证据、妨害作证""广东省"为关键词进行检索，共收集到8篇刑事裁判文书，其时间全部分布在2015年以后。通过对裁判文书逐一查阅，笔者发现有6篇文书存在法院认定辩护人实施了毁灭证据、伪造证据、妨害作证的行为，详见附表21。

（4）法庭外的失信行为。少数律师为能够最终赢得官司，不惜违反相关规定，向司法人员及其近亲属行贿、介绍贿赂，指使、诱使当事人行贿，以各种方式变相搞利益输送，"围猎"司法人员。一些律师把大量时间花费在与法官、法院建立关系上，在非工作时间或非工作场地违反规定接触与案件有关的司法人员和有关工作人员，向其打听案情。

少数律师在处理案件时，也会实施一些违规行为。比如在看守所会见过程中实施违法违规行为，或者与法律服务类咨询公司合作"批发式"会见；与法律服务类咨询公司合作办理案件，直接投资或者参与法律服务类咨询公司的经营等。比如2017年4月6日，××市××区人民检察院投诉福建宏信律师事务所占某某律师在韩某某涉嫌贩卖毒品罪案中违规会见在押犯罪嫌疑人韩某某。被投诉人占某某在会见犯罪嫌疑人韩某某时，两次为韩某某传递写有账号的纸条，并通知韩某某家属往该纸条所写的账号及户名进行转款，受到公开谴责的行业处分。①

（四）监狱管理问题

1. 监狱的警察管理方面

有学者通过实地调研广东省某监狱警察管理的情况，发现主要存在以下问题②：①从警力分配来看，警察的任务繁重、压力较大是监狱警察管理的困境。据统计，2017 年以来，该监狱关押的罪犯有 8500 人左右，共有狱警 869 名，又因为监狱分为科室和一线监区，869 名狱警中，有近 220 名分布在科室，分配到各监区的狱警只有 649 名。也就是说，649 名狱警要管理 8500 名罪犯，一名狱警至少要管 13 名罪犯，而这 649 名狱警中还有相当一部分为监区领导（监区领导不直接管理监区罪犯），这导致警力更加紧张。警囚比例失衡，影响了监狱的监管安全，也影响了监狱管理的成效。②从警察分工来看，现阶段，监狱文化班基本上都存在由狱警兼任专职教师的现象，监狱教育机构的警力低于 20 人，并且有些狱警并非专业教师出身，在授课过程中明显缺乏实践经验。与此同时，很多警察身兼多职，很难兼顾监管和教育。在当前狱警力量不足、犯罪行为繁杂的环境下，狱警承担着繁重的监管任务，无法在完成本职工作的同时担任文化课教师，导致罪犯的教育工作缺乏针对性，也使得对于罪犯的改造教育流于形式。

---

① 参见全国律师协会《全国律协发布 2017 年 6 月份律师协会维权惩戒工作通报》，转载自江西法制网（http://www.jxlaw.com.cn/system/2017/08/03/030020349.shtml），访问日期：2021 年 8 月 10 日。

② 肖静：《以罪犯再社会化为目标的监狱管理机制创新研究》，兰州大学 2019 年学位论文。

2. 监狱教育改造效果不佳

根据某些学者的调查研究[①]，笔者发现，监狱教育改造内容存在以下缺陷：一方面，教学内容针对性不强，社会性、实操性欠缺。回归教育内容相对滞后，治本功能未能充分发挥，认罪服法等在整个教育内容中依旧居于核心地位，社会化的教育内容还在完善阶段。在访谈调查中，70%受访的罪犯希望能有专门针对他们改造需求的课程，能适当地调整教育内容。在问卷调查中也可以看到，48.7%的罪犯认为回归教育的内容不适合自己；54%的罪犯希望得到技能培训。另一方面，教学方式单一，缺少与社会对接。根据问卷调查数据，73%的罪犯认为单纯说教式集体教育方式效果不理想。然而，目前再社会化教育的方式较为传统，缺乏创新，只是停留在聘请外教或内部教育这一层面上。罪犯在教育改造中常表现不够积极、主动，学习效率低。而授课的形式主要局限于以集体学习等为核心，罪犯没有机会走到社会场所进行学习。因此，监狱教育改造效果还有待加强。

3. 监狱中检察监督不到位

依据我国现行法律，检察机关对刑事案件判决、裁定的执行和监狱、看守所、劳动改造机关的活动是否合法实行监督。其中，检察机关对监狱的检察监督采取派驻检察室的方式。然而在实务中，由于对保护在押人员合法权益重要性的认识不到位，派驻到检察室的检察人员常常是临近退休的人员，并且相关程序规范不够到位，检察室的设置在某些地方形同虚设，无法有效杜绝虐待、刑讯逼供在押人员以及违法违规"减假暂"的行为。

---

① 参见肖静《以罪犯再社会代为目标的监狱管理机制创新研究》，兰州大学2019年学位论文；张苏军《中国监狱发展战略研究》，法律出版社2000年版，第18页；吴宗宪《罪犯改造论——罪犯改造的犯因性差异理论初探》，中国人民公安大学出版社2007年版，第230－233页。

第三节　应对影响司法公正九大顽疾的经验梳理

全面依法治国,必须紧紧围绕保障和促进社会公平正义来进行。法律具有定分止争的功能,司法审判具有终局性的作用,如果司法不公、人心不服,这些功能就难以实现,作用难以发挥。习近平总书记强调,要"努力让人民群众在每一个司法案件中都能感受到公平正义,决不能让不公正的审判伤害人民群众感情、损害人民群众权益"①。推进公正司法,要坚持以公开促公正、树公信。阳光是最好的防腐剂。如果权力运行不见阳光,或有选择地见阳光,公信力就无法树立。执法司法越公开,就越有权威和公信力。对此,要完善机制、创新方式、畅通渠道,依法及时公开执法的依据、程序、结果和裁判文书。对于公众关注的案件,要提高透明度,让暗箱操作没有空间,让司法腐败无处藏身。

一、提高公安机关的执法效能

社会主义政治文明建设进程的加快和公众法制意识的提高,使得社会对公安机关执法效能提出了更高的标准和更严的要求。公安机关执法是否真正做到公平公正、客观严谨、合理合法、公开高效、廉洁文明,能产生多大的社会效益和多高的行政效能,这些均受到公众的普遍关注。

广东省在提高公安机关的执法效能方面,主要聚焦于数字服务改革建设,不断强化服务支撑能力、优化服务供给方式,实现了服务效能的大幅度提升。相较而言,浙江省在提高公安机关的执法效能方面

---

① 习近平:《在首都各界纪念现行宪法公布实施30周年大会上的讲话》,载《中国青年报》2012年12月5日第05版。

更加注重机制体制建设。例如，浙江省公安机关积极建设"数据融合、机制耦合、警种联合，全天候运行、全场景应用、全方位感知、全层面研判、全要素支撑、全时空落地"的"三合六全"情指行一体化合成作战运行机制。2017年以来，浙江省公安厅多次召开情指行一体化改革专题会议，厅领导牵头推进，广泛邀请专家学者、基层民警共同商讨改革方案，逐步形成了"广域态势感知、联勤决策指挥、大数据实时支撑、多警种联合作战"的建设思路。随后，在纵向上，浙江省公安厅按照"省厅分设、地市统一、县区一体"的要求，在省、市、县三级公安机关建立情指行合成作战中心，在设区市主城区、县（市、区）主要城镇所在地派出所建立综合指挥室，形成垂直衔接的全网格局。在横向上，各级情指行合成作战中心业务范围覆盖全局主要业务，服务支撑各警种、部门实战，详见附表22。

二、强化公安机关执法监督

公安行政执法是公安机关履行职能的重要方式，关系着群众的切身利益，备受社会广泛关注。近年来，各地各部门不断强化对公安机关行政执法的监督，公安机关执法能力和水平有了较大提高，但部分地区执法监督建设不规范的问题仍然较为突出，不利于公安机关行政执法能力的进一步提高。

2020年8月27日召开的全国公安机关深化执法监督管理机制改革会议指出，着力构建系统严密、运行高效的执法监督管理体系，不断提升公安机关工作的法治化水平和公安机关的执法公信力。在"强化法治思维，持之以恒推进执法规范化建设"思路的指导下，全国公安机关深入推进执法司法责任体系改革和建设，不断健全完善公安执法监督管理机制。

广东省在加强公安机关执法监督方面强调从执法管理制度抓起。一是在全省部署开展公安执法办案场所智能化升级改造，实现执法对象全进程管控、执法活动全过程回溯、执法民警全方位接受监督。二是建设广东公安机关执法信息公开平台，提供刑事案件办理进度查询服务，公开公示行政处罚、行政强制执行等 15 类行政执法文书。相比于广东省，北京市公安局强调内外监督并重，一方面，创建具有"一站式办案、合成化作战、智能化管理、全流程监督"特点的公安执法办案管理中心；另一方面，主动接受检察机关的法律监督，与北京市检察院在公安执法办案管理中心设置派驻检察室，对规范公安执法行为、提高公安执法能力和水平起到了积极的推动作用，详见附表 23。

三、改进司法队伍建设策略

随着立案登记制的深入推进，全国各地大多数法院面临"案多人少"的困局。2019 年以来，湖南省高级人民法院系统着力打造以"源头预防为先，非诉机制挺前，法院裁判终局"为核心的多元解纷湖南模式，走出了一条诉源治理、司法改革和信息化建设相互结合、相互促进的审判质效双提升之路。同时，湖南省高级人民法院主动把司法工作向纠纷源头防控延伸，打出繁简分流、分调裁审系列组合拳，深度借助现代科技的力量，大力推进两个"一站式"建设。

广东省作为中国第一经济大省，各级人民法院每年新收案件在全国各省中遥遥领先，办案压力大，办案周期长，案件更复杂，"案多人少"的矛盾长期困扰广东省司法工作，导致司法质量大打折扣。解决"案多人少"问题，广东可以参考湖南模式。首先，从源头入手，多元化解纠纷。湖南省高级人民法院以两个"一站式"建设为契机，将诉调对接平台建设与诉讼服务中心建设结合起来，各基层法院普遍在诉讼服务中心设立人民调解室、律师调解室，主动引导当事人优先选择人民调解、仲裁等其他非诉方式解决纠纷，逐步形成了"百花齐放"的诉源治理、多元解纷工作模式。其次，深化司法改革，进一步建立和完善新型的审判监督管理机制。2019 年，湖南省高级人民法院在全省法院部署开展"审判质量、效率和公信力提升年"活动，就案件质量、效率、效果等方面设置了 24 个评价指标，督促各级法院优化内部审判管理机制。再次，湖南省高级人民法院还在全省全面落实专业法官会议制度,将专业法官会议作为院庭长监督"四类案件"的重要方式和有效途径,先后出台了关于审判委员会改革、裁判文书改革、院庭长办案等31项指导意见,促进统一裁判尺度,提升审判质效,尽力将纠纷优质高效化解在诉内,避免发生"再诉"。最后,要灵活运用信息化手段解放审判"生产力"。湖南省高级人民法院坚持现代科技与审判工作深度融合,加快智能辅助系统建设,大大解放了审判"生产力"。同时,坚持线上和线下诉讼服务相结合,充分运用信息化技术,全力推进"一站式"诉讼服务中心建设,详见附表24。

四、加强执法司法作风建设

最高人民法院院长周强曾在十三届全国人大一次会议的最高人民法院工作报告中指出:"司法作风不正、司法行为不规范问题仍然存在,司法廉洁风险较高,有的法官徇私枉法、以案谋私,严重损害司法公正。"针对个别司法人员作风不正、办案不廉、缺乏职业良知、损害司法公信力的情况,广东省从细节抓起,出台了30条规范司法作风的意见。围绕改进司法作风,广东省高级人民法院要求,上级法院和领导干部必须从严要求自己,严控"三公"经费,过紧日子;要重点针对人民群众反映强烈的违反"五个严禁"规定、违规使用警车、违规参与营利性活动以及公款吃喝、公款送礼等突出问题,适时开展集中整治,全面深化案件评查,着力提高执行到位率,高效优质兑现公正。

四川省法院系统以"讲政治、守规矩、做忠诚卫士"为主题,围绕省委提出的重点解决理想信念、规矩意识、党性原则、为民宗旨、廉洁观念、担当精神"六项任务",推出了一系列掷地有声的举措。例如,围绕查处司法工作人员违纪违法案件,四川省要求"突出主动抓、主动查,重点查办不收敛、不收手、群众反映强烈的司法腐败问题线索,重点查办中央巡视组反馈的案件线索,重点查办审判执行权力寻租、利益输送案件和'人情案、关系案、金钱案'等问题。各级法院纪检监察部门要开展一次群众来信来访和举报案件的集中梳理，对干警违纪违法案件线索开展集中摸排查处，重大案件线索要配合纪委和检察机关进行查处。建立健全法院干警违纪违法案件报告制度。各中院每季度向省高院报送查处法院干警违法违纪案件情况，建立健全重大案件和重要线索及时报告制度。建立健全法院系统违纪违法案件通报制度，适时向社会公开通报重大案件处理情况"，详见附表25。

五、建设执法司法监督体系

司法监督是党和国家监督体系的重要组成部分。推动纪检监察监督与司法监督有机贯通、相互协调，有利于整合监督资源，形成监督合力，通过构建科学、严密、有效的监督网，确保党和人民赋予的权力始终在正确的轨道上运行。为"坚持和完善党和国家监督体系，强化对权力运行的制约和监督"，党的十九届四中全会审议通过的《中共中央关于坚持和完善中国特色社会主义制度、推进国家治理体系和治理能力现代化若干重大问题的决定》提出，要"以党内监督为主导，推动各类监督有机贯通、相互协调""健全人大监督、民主监督、行政监督、司法监督、群众监督、舆论监督制度，发挥审计监督、统计监督职能作用"。

近年来，广东省高级人民法院通过强化法院院长领导和监督责任、审判委员会把关责任和办案法官审判责任有机统一的责任体系，细化"四类案件"[①]的监管范围、发现机制、启动程序和监管方式，构建全省法院司法案例数据库，建立类案与关联案件强制检索报告制度，努力探索深化司法责任制改革的"广东经验"，目前已有19项改革措施入选全国法院司法改革案例。然而，对于如何加强司法制约监督，广东省目前仍处于各地法院审判一线的实践和探索中。2020

---

① 四类案件指：重大、疑难、复杂、敏感的案件；涉及群体性纠纷或者引发社会广泛关注，可能影响社会稳定的案件；与本院或者上级人民法院的类案裁判可能发生冲突的案件；有关单位或者个人反映法官有违法审判行为的案件。

年 12 月 3 日,广东省高级人民法院发布的首批"加强司法制约监督"专题改革案例,均是来自广州、深圳、佛山、东莞、江门等地法院的地方智慧,尚未形成和推行全省上下统一的改革措施。

在司法监督的问题上,贵州省高级人民法院以加强审判权力运行监督制约为目标,制定了《关于对审判执行中案件依法监督的规定(试行)》,积极探索常态化监督管理机制,围绕"四类案件",狠抓六项监督管理举措,努力做到放权不放任、监督不缺位,保障审判组织依法独立公正行使审判权。例如,针对司法改革后一些法院院庭长不敢监督、不愿监督、不善监督的问题,贵州省高级人民法院专门制定了审判权力清单,划分为审判权、审判管理权和审判监督权三个类别,并进一步细化了合议庭审判长、承办法官、法官助理、书记员的权责。在充分保障合议庭、审判委员会行使审判权的同时,明确院长、副院长、庭长可行使审判管理权和审判监督权的具体情形,除此之外的审判权力一律由合议庭行使,充分放权与有效监督得到有机结合。具体情况详见附表 26。

六、强化司法体制配套改革

党的十八大以来,在以习近平同志为核心的党中央领导下,人民法院司法体制改革全面深入推进,在重要领域和关键环节取得突破性进展,中国特色社会主义审判权力运行体系初步形成。随着司法体制改革的逐步深入,深层次问题不断显现。在改革过程中发现问题、直面问题,最终解决问题,是问题导向的改革逻辑。

2020 年 12 月 3 日,全国法院司法体制综合配套改革推进会在广州召开,广东省与会人员围绕"完善审判权和审判监督管理权运行机制""健全矛盾纠纷化解体系和工作机制""推进法院队伍革命化、正规化、专业化、职业化建设""深化互联网司法和智慧法院建设"四个主题做了专题发言和经验交流。在经验交流环节,来自北京、内蒙古、上海、青海等地的 8 家法院分享了相关经验。其中,青海省的司法体制综合配套改革因地制宜、妙招不断。围绕司法责任制改革,青海省高级人民法院将审判管理办公室与信息技术处合并，成立了正处级内设机构审判管理和信息技术处，分别从刑事、民事、行政审判部门抽调办案经验丰富的员额法官组建专门的案件评查团队，负责全院案件质量评查、裁判文书评查、庭审评查和网上结案审核工作。他们的评查结果将会在青海省法院案件质效数据平台和绩效管理平台上向所有法官公布，分值的高低与法官年终绩效考核及奖惩、晋级、晋职挂钩，每一分的变化都牵动着法官的神经。此外，青海省高级人民法院还上线了"审判流程风险防范系统"和"院庭长监督管理平台"，将各审判节点在网上办案系统中进行嵌入式配置。对院庭长分级授权，实行全方位"静默式"监管，发现程序问题及时督促纠正，实行线上审批，全程留痕。系统还会对"四类案件"中的25种情形进行标签化处理，在平台上自动提示院庭长进行监管。这些措施值得广东省学习借鉴，详见附表27。

七、整治幕后推手——司法掮客

党的十八届四中全会提出完善确保依法独立公正行使审判权和检察权的制度，建立领导干部干预司法活动、插手具体案件处理的记录、通报和责任追究制度。"让司法的归司法"，一些地方党政领导干预司法、影响公正的局面将得到扭转。对此，广东省高级人民法院印发《关于进一步落实领导干部干预司法活动、插手具体案件处理的记录、通报和责任追究规定的实施细则》《关于进一步落实司法机关内部人员过问案件的记录和责任追究规定的实施细则》，从明确过问情形、记录流程、报告程序、履职保护和责任追究等方面，筑起干预、过问案件的"防火墙"。

然而，一些地方党政领导对司法的干预危害大、影响深，破除司法领域的权力场干扰并非一朝一夕之功。除追究实施干预的领导干部的责任外，还需要与设立巡回法庭、推动省以下司法机关人财物统一管理、司法管辖适当与行政区划相分离等措施相结合。在地方经验上，山东省将司法干预相关规定列入普法考试内容，加强对领导干部的法律培训,并依托新媒体平台,对人民群众关心的大案、要案进行微博直播,与百姓形成良性互动,并整合省、市、县三级法院新媒体,打造强有力的新媒体团队,让司法活动真正成为群众看得见、听得到、摸得着的活动,倒逼审判权独立公正行使。具体情况详见附表28。

八、打造人民满意的司法名片

近年来,我国不断完善民主法治,司法事业发展迅速,一系列司法改革取得了令人瞩目的成效,但司法公信力偏低的问题却一直困扰着各级法院。我国司法公信力偏低有司法体制不畅、案件质量不高、审判管理不严等多方面原因,而公众对司法有限性认识不足、对司法期待过高,无疑也是一个重要原因,因此,我们需要在正视"司法不能"的预设下,培育公众对司法有限性的认知,使公众客观、公正地认识和评价司法,只有这样才能有效提高司法公信力。

四川省蒲江县法院立足基层法院上诉、申诉、执行案件增长较快的突出现状,从2018年3月起,构建并实施了"复生案件源头治理"机制,从法院内部探索推进"诉源治理"工作,减轻了群众诉累,提高了司法公信力。例如,对于当事人上诉态度强烈但案情和事实清晰的一审案件,由法官和法官助理收集其他法院对类似案件的判决结果,同时收集成都市中级人民法院类似案件所做出的二审裁判文书,并以书面的形式向当事人提供,让其对当前案件有清晰的认识。同时,法官还附上相关法律条款和解释,让双方尤其是被告方明白类似案件审理判决的依据是什么,并对其进行面对面的引导,对当事人的疑问进行耐心细致的解释,站在双方的立场上引导双方。正是在这种多管齐下的努力下,当事人有了理性的诉讼期待,很大程度上节省了司法资源,也消除了当事人对判决结果的不信任。具体情况详见附表29。

九、践行以人民为中心思想

在中央全面依法治国工作会议上,习近平总书记强调,要坚持以人民为中心。"全面依法治国最广泛、最深厚的基础是人民，必须坚持为了人民、依靠人民。要把体现人民利益、反映人民愿望、维护人民权益、增进人民福祉落实到全面依法治国各领域全过程……推进全面依法治国，根本目的是依法保障人民权益……要积极回应人民群众新要求新期待……系统研究谋划和解决法治领域人民群众反映强烈的突出问题，不断增强人民群众获得感、幸福感、安全感，用法治保障人民安居乐业。"① 执法和司法是全面依法治国的两个重要环节，也是落实以人民为中心的法治理念的关键所在。

2018年以来，广东省牢固树立以人民为中心的发展思想，深化公共法律服务体系建设，完善公共法律服务建设管理统筹机制，拓展创新公共法律服务领域，构建融合开放的公共法律服务工作格局。同时，统筹推进律师、公证、法律援助、司法鉴定、仲裁等方面的工作，全力打造覆盖全业务、全时空的法律服务网络，走出一条公共法律服务体系建设"先行路径"，让群众随时随地获得法律服务。

相比较而言，广东省践行司法为民的举措主要集中于打造公共法律服务网络，而江苏省则将"以人民为中心"贯穿于司法行政事业全方位，通过转理念、惠民生、保稳定、促改革、强基础、建队伍，推动江苏司法行政事业实现跨越发展。例如，在司法工作服务发展的动力和方向上，江苏省创新建立了群众满意度第三方评价机制，加大"群众满意"在考核评价中的权重，切实将工作和服务成效的评判权交给服务对象和人民群众，以民意导向推进司法行政工作。具体情况详见附表30。

---

① 习近平：《坚定不移走中国特色社会主义法治道路　为全面建设社会主义现代化国家提供有力法治保障》（在中央全面依法治国工作会议上的重要讲话），载新华网（http://www.xinhuanet.com/politics/leaders/2020－11/17/c_1126751678.htm），2020年11月18日，访问日期：2021年11月5日。

第三章 新时代司法体制改革的体系化策略

公平正义是中国特色社会主义的内在要求,是我们党追求的一个十分崇高的价值目标。全心全意为人民服务的宗旨决定了我们必须追求公平正义,保护人民权益,伸张正义。公正是法治的生命线。司法公正对社会公正具有重要的引领作用;司法不公对社会公正具有致命的破坏作用。这就要求我们在实践中推进公正司法。所谓公正司法,就是受到侵害的权利一定会得到保护和救济,违法犯罪活动一定要受到制裁和惩罚。

推进公正司法,要重点解决影响司法公正和制约司法能力的深层次问题。我国执法司法中存在的突出问题,与司法体制和工作机制不合理有关,必须进一步深化司法体制改革。要从确保依法独立公正行使审判权与检察权、健全司法权力运行机制、完善人权司法保障制度三个方面,着力破解体制性、机制性、保障性障碍,不断提升司法公信力,发挥公正司法对维护社会公平正义最后一道防线的作用。

第一节 深化刑事诉讼制度改革,
提升人民群众的幸福指数

一、完善案件办理机制,提升解决群众"急难愁盼"问题的能力

通过前文的分析可知,公安机关在实践中"有案不立、压案不

查、有罪不究"的原因是非法充当黑恶势力"保护伞"、懈怠履行法定职责、虚假提高破案率以通过绩效考核等不正当目的，但根源在于刑事立案（撤案）过程中某些环节的监督缺失，因此有必要加强对于刑事立案（撤案）的监督，明确监督责任，创新监督机制。对此，可以从以下几方面来构建对刑事立案（撤案）的全环节监督：①树立正确的政绩观，改革公安机关绩效考核机制。改革以立案率、破案率、撤案率等为主要指标的考核指标，改为对诉讼阶段的过程性考核，如对立案是否使用强制性措施、是否客观全面地对审查案件线索等内容进行考核，因地制宜地建立差异化的、主客观相统一的考核考评机制。②在司法监督中注重科技赋能。探索建立政法机关一体化办案系统，同步推进侦查、逮捕、起诉、审判、执行、法律援助、检察监督等协同应用，网上实时监督，进而有效解决有案不立、压案不查、有罪不究的顽疾。依托现代大数据技术建立执法司法问题预警分析模型，通过智能比对和数据交换实现办案平台自动预警，不间断对案件受理、立案、侦查等环节进行监督。③加强检察机关对刑事立案（撤案）的监督。积极推进检察机关向公安机关执法办案管理中心派驻检察室，对公安机关执法办案进行全流程监督。④畅通群众受案渠道和举报机制，保证覆盖全年龄段。在派出所治安窗口设置自助报案受理机，确保群众上门报案全量接报、全面纳入监督。此外，对于老人、儿童等特殊人群，要建立相应的照顾措施。

二、加强内控建设，完善合规体系

解决恶意争夺管辖权和非法进行跨地域抓捕的问题，除了要完善诉讼管辖制度，更要从根源上加以遏制，即：①严加防范地方司法机关滥用公权力、违法动用刑事手段插手民事纠纷的行为。部分地方司法机关由于地方经济保护主义思想作祟，或是与地方企业牵连过深，进而违法动用刑事手段插手民事纠纷。因此，要加强检察机关对于刑事立案的监督，明确立案监督责任，探索包括公开听证、检警案件信息共享平台等监督新机制。②完善司法机关异地抓捕管理办法。根据目前相关法律法规的规定，公安机关等异地执行拘留、逮捕的，执行人员仅须持拘留证、逮捕证、办案协作函件和工作证件，与协作地县级以上公安机关联系即可，被拘留、逮捕人所在地的公安机关应当予以配合。由于当前这一规定实际上并未对司法机关异地抓捕的流程和条件做出严格规定，因此可能会出现非法进行异地抓捕的现象。③彻底废除司法机关案款提留制，探索公检法机关办案罚没款上缴中央财政或省级财政制度。虽然当下司法机关实行收支两条线，但是公检法机关的办案罚没款进入地方财政后，某些地方财政会通过各种方式将罚没款按比例或者全部返还给办案机关，这一制度可能会诱使司法机关及其工作人员"制造"冤假错案以"抢钱分钱"中饱私囊。

三、依法审慎采取强制措施，营造市场化、法治化营商环境

正如习近平总书记所指出的："法治是最好的营商环境。"唯有坚决杜绝将经济纠纷当作经济犯罪来处理，防止将民事责任变成刑事责任，切实保护民营企业和企业家的合法权益，努力让包括企业家在内的人民群众在每一个司法案件中都能感受到公平正义，只有这样才能真正促进我国民营经济的进一步发展。而这也是站在国家改革发展的大局上需要司法机关为之奋斗的共同方向。

要杜绝以刑事手段干预经济纠纷这一违法现象，需要我们形成整体思维来进行思考。实际上，这一问题的核心是如何确定公权力机关运用刑事手段保护经济秩序和企业利益的限度。对此，可以考虑通过确定以下几项原则作为构建相关制度和机制的观念基础。

（1）保护正当市场竞争秩序。正当竞争是市场健康发展的动力。有竞争，自然就会有淘汰。有些企业在竞争中处于劣势，妄图通过启动刑事手段来打击竞争对手。对于这类案件，公权力机关应当高度警觉，在办案过程中要查清案件事实。

（2）严格区分经济犯罪和经济纠纷。在司法实践中，经济类刑事案件中较为复杂的是合同诈骗案件。这类案件的棘手之处在于，究

竟是合同诈骗还是合同纠纷往往不容易区分，在这种情况下就要充分考虑当事人的行为动机和对社会有无危害及其危害程度，审慎适用经济类犯罪罪名，避免误伤处于困境而努力自救的企业和企业家。

（3）最大限度降低对企业正常经营的不利影响。目前在涉及私营企业的刑事案件处理过程中，有些地方公权力机关在处理案件时简单粗暴，导致企业经营困难。从维护市场经济发展的角度看，应当妥善解决办理刑事案件与维护企业正常经营的关系，一方面，相关办案机关及其工作人员应当提高这一认识；另一方面，应在制度上进行创新，即对这类企业应当通过托管等方式继续维持经营，或者组织董事会重新选举董事长或总经理。

（4）保护权利的正当行使。随着市场经济的健康发展，应当充分保护消费者的利益，对于消费者基于客观事实进行批评、索赔的行为，不应将其作为犯罪处理；对于其中滥用权利进行索赔的行为，可以考虑将其作为敲诈勒索罪处理，但须十分慎重。在消费者与生产经营企业之间进行利益平衡时，应倾向于保护消费者利益。

四、坚守司法正义底线，走出机械司法怪圈

要避免机械司法问题，对于法官而言，办案应当兼顾法、理、情，讲求政治效果、法律效果和社会效果的有机统一。具体来说，有以下几点要求：①应当区分裁判效果与裁判标准，不能把"三个效果"（政治效果、社会效果、法律效果）有意无意地解读为三个裁判标准。②对于裁判效果，应当坚持多维审视，全面把握，在事实层面和法益层面全面考量。在事实层面，法律不同程度存在的不周延性和滞后性决定了司法裁判应当在裁判效果上充分进行合目的性的审查判断；在法益层面，法律价值的多元性和法益存在形式的多样性与复杂性决定了司法裁判中的具体取舍应当重视综合平衡。③实现"三个效果"的有机统一，应当根据案件的具体情况抓住重点环节、解决突出问题。

五、提升批捕条件，降低羁押率

当前，我国刑事案件的羁押率仍然偏高，强化防范超期羁押的任务任重道远。尽管经过政法各部门多年的努力，但是超期羁押和久押不决问题仍然未得到彻底解决。超期羁押和久押不决问题长期存在且依然突出，一定程度上是源于一线司法人员没有严格依法办案，一线公安、检察等机关司法人员法律程序观念和依法办案意识有待提高。要强化纠防超期羁押，可以从以下几个方面入手：①立法上提升批捕条件，明确超期羁押的法律责任，建立有效的追责机制；②发挥检察机关的法律监督职能，充分协调沟通各大政法机关，及时跟进案件信息，建立有效的监督机制；③加强案件信息共享，依托现代互联网技术，打造刑事执行领域现代化共享数据平台，建立现代化的联动机制和反馈机制。

六、加强司法能力建设，保障当事人诉讼权利

针对上述广东省在刑事诉讼中对于当事人法定诉讼权利保障不够的问题，可以考虑采取以下几点措施加强保障：①对于被害人，扩大被害人参与刑事诉讼的权利，着力保障被害人的知情权和陈述意见权，完善被害人民事权利保障程序，探索建立被害人诉讼权利救济机制；②对于被告人，坚决杜绝刑讯逼供和变相刑讯逼供，切实保障律师的辩护权利。

针对广东省各地区之间司法队伍素质差距悬殊的问题，可以考虑采取以下几点措施予以整治：①探索建立省政法委地方督查制度。对于法治化水平不高、司法队伍素质有待加强的地区，省政法委可以派专员进行专项督导，针对实务工作中出现的顽疾痼症进行常态化的专项整治。②探索建立司法工作人员异地学习借调流动制度。由省政法委牵头组织，各司法机关予以配合实施，让专业水平较高的司法工作人员扩散到其他法治化水平相对薄弱的地区，实现法治人才全省流

动,不同地区的司法队伍相互学习,真正有效提升全省司法队伍的素质水平。

七、遏制司法腐败,提升司法公信力

习近平总书记指出:"要坚持以公开促公正、以透明保廉洁。要增强主动公开、主动接受监督的意识,完善机制、创新方式、畅通渠道,依法及时公开执法司法依据、程序、流程、结果和裁判文书。对公众关注的案件,要提高透明度,让暗箱操作没有空间,让司法腐败无法藏身。"[①] 为实现刑事司法打击犯罪的目的,切实防止法官徇私枉法、防范冤假错案,维护司法公信力和权威,可采取以下几点措施。

(1) 认真履行案件把关职责,完善审核监督机制。为了在诉讼程序内及时发现错误、纠正错误,要充分发挥法定审核监督机制的案件把关作用。要明确合议庭、审判委员会的办案职责。合议庭成员共同对案件质量负责,承办法官为案件质量第一责任人。合议庭成员通过庭审或阅卷等方式审查事实和证据,独立发表评议意见并说明理由。审判委员会讨论案件,委员要在听取合议庭审查意见的基础上,依次独立发表意见并说明理由,主持人最后发表意见。

(2) 充分发挥各方作用,建立健全制约机制。首先,法官要严格依照法定程序和职责审判案件。人民法院不得与公安机关、人民检察院联合办案。其次,要充分发挥辩护律师在防范冤假错案方面的重要作用,切实保障辩护人会见、阅卷、调查取证等辩护权利。再次,对确有冤错可能的控告和申诉,应当依法复查;对原判决、裁定确有错误的,应依法及时纠正。最后,要建立健全审判人员权责一致的办案责任制。审判人员依法履行职责,不受追究。对办理案件违反审判工作纪律或者徇私枉法的审判人员,应依照有关审判工作纪律和法律

---

① 习近平:《让暗箱操作没有空间 司法腐败无法藏身》,载《十八大以来重要文献选编》(上),中央文献出版社2014年版,第720页。

的规定追究责任。①

（3）完善徇私枉法案件事后追溯制度。首先，在涉案法官被提起公诉时，办理法官涉嫌犯罪的检察机关或监察机关以及人民法院应当对相关案件进行审查，如发现涉案法官审理的相关案件有妨害公正嫌疑，应立即依法启动重审程序。其次，应建立健全枉法错案分析通报制度。对于实践中发现法官徇私枉法的案件，要对照意见的要求认真查找问题，深入剖析根源，确保已经发生的问题不再发生，可能存在的问题及时得到解决。

八、严把技术性证据审查关，防止冤假错案发生

习近平总书记对冤假错案有着深刻论述："一个错案的负面影响，足以摧毁九十九个公平裁判积累起来的良好形象；人民群众每一次经历冤假错案，损害的都不仅仅是他们的合法权益，更是法律的尊严和权威，是他们对社会公平正义的信心。"② 防范冤假错案的发生是我们守护司法公平正义的末端，我们必须采取强有力的措施将冤假错案堵在司法审判的大门之外，给党、给人民、给宪法和法律一个交代。

为了更好地防范冤假错案，坚守社会公平正义，应当从以下几方面着手努力：一是要加强人权司法保障，完善司法人权保障制度，健全冤假错案有效防范、及时纠正和责任追究机制；建立重大刑事案件由省级公安机关复核的程序，努力让人民群众在每一个司法案件中感受到公平正义。二是要全面推进以审判为中心的诉讼制度改革，改变侦查中心主义的司法模式，明确审判程序的中心地位，在庭审中确保庭审在查明事实、认定证据、保护诉权、公正裁判中的决定性作用。

---

① 最高人民法院刑三庭负责人就《最高人民法院关于建立健全防范刑事冤假错案工作机制的意见》答记者问，2013年11月21日。

② 参见《努力让人民群众在每一个司法案件中感受到公平正义——习近平推进司法公正的故事》，载中国政府网（http://www.gov.cn/xinwen/2021-07/06/content_5622770.htm），2021年7月6日。

设立死因复核庭，特别是在重大刑事案件中，应当在庭审中对案件事实进行复核，让法院有复核的能力和机制。三是要完善非法证据排除制度，加强刑事侦查程序中的证据能力建设，严把技术性证据审查关，从侦查、起诉、辩护、审判等环节明确非法证据的认定标准和排除程序，推进司法证明、控辩对抗和依法裁判实质化。四是要改革侦鉴一体的体制，杜绝以鉴定意见当作案件定性结论，健全鉴定程序，明确重新鉴定、补充鉴定的启动程序，强化对鉴定的监督，加强对鉴定人的管理。

九、推进监所体制改革，在阳光下回归本职

基于上述对相关案例的检索和分析，要解决违规违法"减假暂"问题和侵害在押人员合法权益问题，至少需要做好以下几点。

（1）做好"立功减刑"和"保外就医"同步重点监督工作。2014年2月，中央政法委出台了《关于严格规范减刑、假释、暂予监外执行，切实防止司法腐败的指导意见》。该意见对重大立功的"发明创造"做出了进一步规范，明确只有发明才算"重大立功"，而实用新型和外观设计都不能算是重大立功的"发明创造"，因而如广东张某案、云南孙某果案中仅凭其虚假的狱中发明"实用新型"就得获减刑的情况有所减少。但我们也要警惕此类利用虚假专利违规减刑的事件再次发生，因此，在实务中要严格审查狱中发明的真实性，利用监狱管理部门的罪犯改造系统，做好服刑人员基本信息、服刑人员身体健康状态、服刑人员在服刑期间的表现等信息录入工作，并将该系统的端口向检察院和法院开放，对于学历背景存疑、不符合其在押日常活动的"狱中发明家"的减刑行为要严加审查。此外，对于"保外就医"的情况，应做到以下几点：第一，对于疾病是否符合保外就医严重疾病范围，应多方审查、综合分析。第二，应着力完善法医技术高质量服务办案的工作机制。针对案件中暴露出的问题，检察机关应联合法院和公安机关共同出台《关于进一步规范医学、法医学鉴定的意见》《关于规范暂予监外执行医学条件审核工作

的意见》等必要文件。第三，突出审查重点。要重点梳理出容易发生纠纷的鉴定案件类型，与办案部门共同把好证据审查关，确保鉴定意见无瑕疵进入下一环节，包括重点审查暂予监外执行的案件，法医应根据需要组织鉴定，对保外就医人员和保外就医续保的医学资料进行技术性证据审查，为判定履职合规与否提供参考意见。

（2）做好保障在押人员合法权益的监督工作。依据我国现行法律，检察机关对刑事判决执行和监狱、看守所的活动是否合法实行监督。其中，检察机关对看守所的检查监督采取派驻检察室的方式。然而在实务中，由于对保护在押人员合法权益重要性的认识不到位，派驻到检察室的检察工作人员大多是临近退休的人员，并且相关程序规范不够到位，检察室的设置在某些地方形同虚设。因此，要大力加强检察机关派驻到监所的检察室的作用，这样才能从源头杜绝虐待、刑讯逼供在押人员的行为。

（3）深化监所医疗社会化改革工作。虽然被监管人员基于违法犯罪等原因处于监管之中，但依然享有生命健康权。公安监所医疗的社会化改革，就是将监所的医疗卫生归入社会医疗卫生的大系统之中，用社会医疗资源改善监所医疗条件。国务院应该制定统一法规，公安部、卫生部门出台监所医疗的医疗设施和人员配置的细化标准；地方政府统一标准，保障对公安监所医疗资金的投入，保障医疗设备、医务人员的财力投入；建立医院驻所医务室模式，驻所医务室实施公安医院互助的运行模式，监所为驻所医务室提供诊断、治疗房间，保障驻所医务人员的安全，医院为驻所医务室提供专业医务人员及 24 小时医疗服务，合作医院定期对被监管人员进行体检，通过定期体检机制，真正做到减少被监管人员因病死亡事故，保障被监管人员的健康权。

（4）做好倒查历史案件工作。有关机关还要做好倒查历史案件工作，对近三年监狱办理的三类罪犯①减刑、假释、暂予监外执行案件逐案复核；对于因专利而获减刑、保外就医等存疑情况，要集中审查，逐案复核，并重点检查其是否严格按照法定程序和条件提请、办理，是否有伪造材料、弄虚作假情况，是否存在徇私舞弊、收受贿赂、失职渎职等，揪出让犯罪分子逍遥法外的"保护伞"，彻底整治监所管理中存在的腐败现象。

十、树立审判中心理念，践行法治思想的程序要义

刑事二审开庭率低的原因既包括立法资源、司法资源等客观因素的制约，也包括司法审判人员的主观考量。在可以自由选择审理方式的情况下，法官将不可避免地选择最为可控且最有利于自身的审理方式，亦即书面审理方式。然而，以书面形式对案件进行审理，不仅当事人无法充分进行自我辩解，辩护人的辩护力度也会在一定程度上被削弱，这对于关乎公民最根本权益的刑事诉讼而言是很难获得信任的。因此，我国刑事诉讼的二审程序理应确定以开庭审理为原则。但考虑到当前司法资源的现实局限，对刑事二审案件均实行同一的开庭审理模式并不现实，因此，最为适宜的方式是构建形式多元的开庭审理方式。要做到这一点，可以考虑以下几种改革路径。

（1）保证庭审实质化开庭。从司法实践来看，刑事二审的庭审虚化现象较为严重，因此，应当在保留完整二审开庭程序的前提下，着重推进二审开庭的实质化。同时还应强调法庭审理的实质意义，突出法庭审理的决定性作用，包括在庭审过程中突出争议焦点、强化检察官出庭参与庭审的能力、充分保障被告人及其辩护人的辩护权等。

（2）适当简化开庭程序。对部分轻罪案件以及对部分事实和证据提出争议进而上诉的案件，应当在充分保障上诉人的诉讼权利的基

---

① 三类罪犯指职务犯罪、破坏金融秩序和金融诈骗犯罪、组织（领导、参加、包庇、纵容）黑社会性质组织犯罪等罪犯，简称职务犯罪的罪犯、金融犯罪的罪犯、黑社会组织犯罪的罪犯。

础上,着重对上诉人的诉讼进行回应。在遵循全面审查原则的前提下,可通过适当简化审判程序来提高诉讼效率。

(3)探索并完善视频庭审模式。一直以来,被告人异地羁押、二审法官赴异地审判是造成刑事二审不开庭成为常态的重要因素,但运用现代信息技术可为司法工作有效赋能,为刑事二审远程视频开庭审理提供了技术上的支持。因此,对于部分路途遥远、押解有重大风险、案情争议不大的刑事二审案件,可以考虑采用远程视频开庭的方式。

第二节 推进民事司法体制改革,满足人民群众的司法需求

一、加强立案监督,杜绝有案不立、年底不收案等现象

法院的立案环节非常关键,它是进入法院大门的"门票",如果没有这张"门票",当事人便无法跨入法院的大门,诉权就无法实现,合法权益就不能受到法律的保护。部分当事人在立案环节无法过关,这就造成了"起诉难"。全国法院于2015年5月1日全面实行立案登记制,变审查立案为登记立案,在一定程度上改变了立案难的现实状况。但仍存在"年底不收案"、有案不立等现象。因此,必须加强立案监督,坚决杜绝有案不立、拖延立案、年底不收案等现象。对此,第一,要加大高级人民法院的指导督察力度,发挥其监督指导作用,对辖区法院立案登记制落实情况进行摸底调研、跟踪检查,对群众立案投诉较多的重点地区加强监督,严肃追责问责"有案不立"问题。第二,要完善相应的配套机制,加快改革优化考核标准,取消将结案率作为主要考核指标,防止因法院内部结案率问题影响正常立案工作。第三,可以设定年底立案情况考核指标,专项督察年底立案

情况。

二、推进审务公开，规范裁判文书上网和庭审直播

完善裁判文书上网，可以从以下几方面着手。

（1）在全省三级法院加强以公开促公正宣传工作建设，统一全省法官对"坚持以人民为中心的裁判文书工作建设"的认识，使之抱着高度重视及严肃认真的态度，将裁判文书上网工作做好。

（2）开展区域协助工作，先进法院可向落后法院传授工作经验，高级人民法院可整理先进法院裁判文书上网工作流程纪要，将其推行到辖区内所有法院，以点带面，整体推动各省乃至全国法院裁判文书工作向好发展。

（3）深入开展优秀裁判文书评选活动，对评出的优秀文书给予奖励，并印发给审判人员学习借鉴。

规范庭审直播，拓展司法公开的广度和深度，可以从以下两点推进。

（1）细化庭审直播制度，在最高人民法院出台的《直播录播庭审规定》的基础上，各省法院可进一步制定本省直播录播庭审工作指引，明确本省庭审直播、录播案件的类型，收窄各级法院的自由裁量权。

（2）开展科技应用培训。通过培训使各省法官掌握科技法庭设备的使用方法和注意事项，并学会在使用过程中及时消除影响音视频效果的不良因素，保障庭审直播的音视频效果。

三、推进审判流程、司法统计的信息化管理，提高管理效能

加强审判运行态势分析，着力解决案卷移送效率低的问题。为此，可以从以下几方面着手，切实提高案卷移送效率。

（1）制定广东省案卷移送细则指引，强化上诉案件移送监管。

对上诉案件移送实行"三定"原则,即"定岗""定责""定时限"。审判、立案、档案等各相关部门均需指定专人负责上诉案件移送工作。其中,审判庭法官助理应当在送达上诉状后的三个工作日内将一审卷宗移送立案庭。立案庭当日完成审查并移交档案整理组。档案整理组应当在三个工作日内完成上诉卷宗整理、打码、扫描、装订工作。立案庭在收到档案整理组移交的案件卷宗后,应在两日内采用邮寄等方式移送市中级人民法院。各节点环环相扣,操作规则简洁明了。审判管理办公室、监察室将上诉案件移送工作纳入审务督察范围,定期进行检查,检查结果在全院通报;对无故拖延移送的,按照相关规定予以问责。

(2)完善案卷信息管理系统,将法院信息系统的部分信息和原审法院共享,使原审法院承办法官可以查到当事人是否交纳上诉费。上级法院接受卷宗的工作人员也可查询到,不会因当事人不提交交费凭证而耽搁案件移送。同时,增加法院信息系统的信息量,送达裁判文书的时间、交费时间、数额等信息,也须在信息系统中得到反映。最后,增加法院信息系统预警提示功能,在案件结案后如超出省法院确定的两个月移送期限,应在系统中提示。①

严格审限制度,着力解决部分案件超审限问题。据此,可以从以下三点着手解决。

(1)加强民事案件审判流程管理,确保每一环节都规范进行,避免某一环节的过分拖延致使部分案件超审限审结。

(2)取消现行的统一确定的民事审限制度,以在制度上对法院与当事人课以诉讼促进的义务取而代之,赋予当事人程序管理的参与权和异议权。

(3)实行案件全生命周期监管。将排期开庭、合议、送达、结案、上诉移送等各个节点的工作要点、时限要求嵌入办案平台,全流程监控,实时提醒法官,自动推送至院庭长。

---

① 《深圳法院:多管齐下推进"双超"案件清理取得阶段性成效》,载微信公众号"深圳市中级人民法院",2021年8月9日。

四、拧紧责任链条,防止调解制度空转

调解"制度空转"问题造成当事人的一件事需要经历更多办案环节、更长办理时间,浪费了宝贵的司法资源,制约了司法质效,严重影响当事人的司法获得感、人民群众的公平正义感,应引起各级人民法院的重视和关注。为此,在借鉴域外经验的基础上,需从以下几点对策着手。

(1)构建违约赔偿机制。《中华人民共和国民事诉讼法》第253条规定:"被执行人未按判决、裁定和其他法律文书(应包括调解书)指定的期间履行给付金钱义务的,应当加倍支付迟延履行期间的债务利息。被执行人未按判决、裁定和其他法律文书指定的期间履行其他义务的,应当支付迟延履行金。"应将该款规定在调解书中加以适用,统一确立调解违约赔偿制。

(2)严格细化诉前保全的申请程序,申请诉前保全方要提供充分的理由和支撑材料,以便于法院进行审查,进而减少恶意诉前保全现象的发生。

(3)加快改革法官责任制度,在法官无非主观故意和重大过失情况下不予追究法官的相应责任,让法官免除后顾之忧。

五、增强为民服务意识,完善流程公开监督机制

1. 从"各自为政"到集中统一

线上诉讼服务平台建设以及流程公开工作主要以地方法院各自探索为主,呈现出"百花齐放"的景象,但受到政策、理念、技术、资金等因素影响,这项工作开展得并不平衡。按照这一思路,有必要统一全省各地乃至全国各地法院的线上诉讼服务系统,着重以制度和平台两个角度为切入点,实现数据的扎口管理与集中发布。明确全省各地方法院线上立案的材料要求,对于管辖存在争议的案件,严格按照《中华人民共和国民事诉讼法》相关规定进行线上处理。同时,

应严格限制线上审查期限,对于那些久而未决的立案申请,可以专门建立一个案件库,依据案件拖延的原因进行分类处理。线上诉讼服务平台应进一步完善案件信息的查询功能,为当事人提供更全面、更及时的案件信息,应当在短信中详细描述当事人涉及的案件名称、案号、审理法院等,并提供相应的操作指引和说明,要求当事人收到后回复,否则视为未收到。

2. 深化诉讼收费制度改革

解决诉讼费问题可以从以下三点着手:一是最高人民法院应会同财政部门,根据国民经济发展的需要,结合各地实际共同研究制定新的诉讼收费管理办法,尤其是在确定好统一的收费标准的前提之下,因地制宜地确定减、免、缓政策。二是随着法院体制改革、省以下人财物统一管理改革步伐的加快,要尽快厘清法院办公与办案经费的界限,健全预算标准体系,加快制定法官员额制体系下人员经费定额标准,要贴近法院工作实际,把预算做实、做细,不断提高法院经费保障工作的高效性、科学性、发展性。三是基层法院要进一步健全诉讼费管理制度,强化思想意识,加强诉讼费的收取、缴库和退费管理。诉讼费必须全额缴入国库,不得抵扣退费金额后再行缴纳,不得超标准、扩大范围收取诉讼费,依法对当事人减交、缓交、免交诉讼费用,建立诉讼费减、免、缓台账。

六、惩治枉法裁判,推进公正司法

习近平总书记指出:"政法机关要完成党和人民赋予的光荣使命,必须严格执法、公正司法。'公生明,廉生威。'"[①] 为了更好地禁绝法官的枉法裁判行为,可以从以下几方面着手。

(1)加强对司法人员的思想政治教育,从思想上提高法官的政

---

① 习近平:《严格执法 公正司法》(在中央政法工作会议上的讲话),载人民网(http://cpc.people.com.cn/BIG5/n/2014/0108/c64094-24063359.html),2014年1月9日,访问日期:2021年10月25日。

治站位。要通过教育，使司法人员牢固树立公正司法、依法审判的思想，在日常职务活动中自觉履行"三个规定"①的要求，抵制枉法裁判的行为。

（2）细化枉法裁判的认定规则。广东省可先行制定司法人员审判行为细则，明确何种形式的行为为错误地"认定事实"和"适用法律"，将法官正常的认定事实和适用法律的行为与枉法裁判行为严格区分开，不放过任何一个枉法裁判的法官，也让无罪法官更安心地行使自由裁量权。

（3）值得专门指出的是，司法人员被法院判决构成民事枉法裁判罪后，被枉法裁判的案件受害人的权益也应该得到维护。一方面，对于枉法裁判的司法人员审理的相关案件，应启动重审，纠正错误的判决，还当事人以公平正义；另一方面，被害人因枉法裁判遭受的损害应纳入国家赔偿范围，让当事人感受到司法的温度。

七、深化执行体制改革，整改规范执行行为

（1）完善网络查控体系，实现网络查控、远程指挥功能，解决"被执行人难找、财产难寻"问题。积极开展审执分离改革试点，建立异地执行协作机制。加强信用惩戒，对失信被执行人从事民商事行为、担任重要职务等进行全面限制。

（2）不断完善法院执行管理，改进和完善细节，最大限度地减少瑕疵。对于消极执行，整治的重点是拖延立案，拖延查询、查封、扣押、冻结、处置财产，拖延发放兑现执行款物等问题。对于选择性执行，整治的重点是挑选案件、选择督办、区别采取执行措施等问题。对于乱执行，整治的重点是明显超标的查封、扣押、冻结财产，违规执行案外人财产，违规评估、拍卖财产、以物抵债，隐瞒、截

---

① "三个规定"指《领导干部干预司法活动、插手具体案件处理的记录、通报和责任追究规定》《司法机关内部人员过问案件的记录和责任追究规定》《关于进一步规范司法人员与当事人、律师、特殊关系人、中介组织接触交往行为的若干规定》。

留、挪用执行款物，违规纳入、删除、撤销失信被执行人名单等问题。特别要针对各执行岗位权力运行的不同规律和特点，综合运用办案信息公开、办案流程控制、案件质量评查、执法过错追究等措施，对执行活动实行全方位、全过程的监督。

（3）全力打造"执行流程公开、裁判文书公开、执行信息公开"三大平台，进一步健全主动接受案件当事人监督和主动接受社会公众监督的制度，建立对社会舆情的收集、预警、核查、回应机制，将执行权和执行权的运行置于社会的广泛监督之下，紧紧依靠人民群众和社会各界的力量，确保专项整改活动收到成效。

八、依法公正行使审判权，让司法公正落到实处

司法机关是维护社会公平正义的最后一道防线。为确保实现司法公正，需要进一步规范司法权运行，继续深化司法责任制综合配套改革，"让审理者裁判、由裁判者负责"，加快构建规范高效的制约监督体系，解决好司法领域的突出矛盾和问题，守住防范冤假错案的底线，健全社会公平正义法治保障制度，可以从以下几方面改革和完善我国遗漏诉讼请求救济制度，使司法公正落到实处。

1. 规范遗漏诉讼请求救济程序的启动方式

在启动救济程序方面，可以考虑采取以当事人申请启动为主、以法院职权启动为辅的方式。如果法院发现裁判中存在遗漏诉讼请求现象，应告知当事人申请启动救济程序。这样，一方面，法院可以避免违反不得拒绝做出裁判的义务；另一方面，法院能够避免直接以职权介入后，出现当事人不积极配合法院裁判案件的现象。

2. 规范遗漏诉讼请求的救济方式

对于遗漏诉讼请求的救济，大陆法系国家和地区一般采取补充判决的方式，而不是裁定更正、上诉或者再审。其中的道理在于，法院没有经过审理程序对遗漏的诉讼请求做出具有法律约束力的结论性判定，其补救程序就不能用裁定而只能用判决的形式。当然，如前所述，上诉和再审不能作为解决遗漏诉讼请求的恰当方式。在所有救济

途径中，只有补充判决最符合遗漏诉讼请求的内在特殊要求。

3．规范遗漏诉讼请求补充裁判的法院

各国通常规定由原审法院对遗漏诉讼请求进行补救，我国可以考虑借鉴这一有益经验。具体来说，当事人应当向原审法院提出补充判决申请，由原审法院对遗漏事项进行裁判。原则上不允许当事人单独就遗漏诉讼请求问题提起上诉。但如果当事人对一审判决的其他事由不服而提起上诉，二审法院发现一审裁判有遗漏，或者当事人就一审判决的其他事由不服和一审裁判遗漏一并提起上诉，可以由二审法院一并进行处理。对于当事人提出的补充判决申请，法院认为无正当理由的，可以做出驳回申请的裁定。当事人若对此裁定不服，可以提出上诉。

4．合理规定遗漏诉讼请求补正的期限

域外民事诉讼法对申请补充判决期限有不同的规定。在当事人申请补充判决期限问题上，应当区别对待。对于一审遗漏的诉讼请求，应当规定申请补正期限。如果当事人未能在规定期限内提出申请，则丧失申请补充判决的权利。此时，当事人可以就遗漏部分另行起诉。对于二审遗漏的诉讼请求，则不应当规定申请补充判决的期限，理由在于：当事人对二审法院裁判遗漏部分不能另行起诉，可能导致当事人失去救济机会。

5．明确规定遗漏诉讼请求补充判决的效力

补充判决的效力涉及两个方面的问题：一是补充判决对原判决效力的影响；二是补充判决何时发生法律效力。关于前者，原判决裁判的事项与补充判决所裁判的事项相互之间具有独立性，因此，它们在法律效力上也各自独立。关于后者，补充判决的内容涉及当事人的实体权益，当事人如果对原审法院做出的补充判决的内容不服，应当有权向上级法院提起上诉。但是，如果案件已经被提起上诉，即使发现一审裁判遗漏诉讼请求，也不应当由原审法院进行补充判决，而应当由二审法院一并进行处理。不论是一审法院做出的补充判决，还是二审法院做出的补充判决，若当事人不服，均可以单独提出上诉，上诉期日与原判决分别计算。当事人在补充判决发生法律效力后，可以在法定期间内向有关法院申请再审。①

九、营造良好审判氛围，加强法院一体化协作

民事诉讼管辖制度体现着诉权保障、程序公正和司法效率等价值。对于实践中法院之间恶意争夺管辖权的问题，可以从以下几方面着手改进。

（1）严格执行最高人民法院《关于在经济审判工作中严格执行〈中华人民共和国民事诉讼法〉的若干规定》。对于在管辖争议未解决的情况下抢先做出判决的法院，要进行严肃处理。违反法定程序的，以提审或审判监督的方式撤销该判决，并将案件移送至有管辖权的人民法院。

（2）建立管辖权争议案件通报机制。最高人民法院及各高级人民法院应当对发生管辖争议的案例在全国或全省范围内通报，严格追究相关法院领导、负有直接责任的审判人员违法审判的责任。

（3）明确跨省域管辖权异议案件的管辖法院。对于跨省域的民事案件，特别是发生争议的法院出现了在争议协商处理前抢先下判情形的，直接指定由争议以外的第三方法院管辖。

委托送达是我国民事诉讼的法定送达方式之一，委托送达制度体现了社会主义国家法制统一的优越性。但由于立法仅对其做了原则性规定，导致在司法实践中存在诸多问题。为此，可以从以下几方面努力。

（1）广东省先行建立委托送达工作协调小组，省高级人民法院统筹该小组的工作，当送达出现问题时，可由省高级人民法院负责协调。

（2）尝试让委托送达这一程序进入案件流程管理系统，单独立案，单独编号，计入量化考核，以激励受委托法院完成委托送达工作。

---

① 参见胡夏冰《我国遗漏诉讼请求救济制度的改革和完善》，载《人民法院报》2009年9月29日第6版。

第三节　完善行政诉讼体制机制，助推行政法治现代化进程

一、规范行政审判工作，保障当事人的救济权利

行政诉讼是一种最为公正、有效的监督行政方式，它对于保护公民、法人和其他组织的合法权益，维护和监督行政机关及其工作人员依法行使行政职权具有重要的意义和作用。对于实践中出现的行政诉讼审判组织的组成不合法问题，在立法方面，明确审判组织的组成不合法，属于程序违法的，二审法院应撤销原判发回重审；在监督方面，强化对行政诉讼的检察监督，若法院对上述问题不予回应，当事人可向检察院寻求救济，由检察院对法院提出监督整改办法。

二、正视调解司法功能，高效化解行政争议

随着我国社会转型的加快，百姓通过法律手段起诉政府的案件明显增多。但是，行政诉讼容易受到行政机关的干扰，导致原告胜诉率较低、久调不判，审判效果和质量不佳。对此，可以采取以下措施：第一，完善调解与诉讼程序衔接机制，在立法上进一步明确准许调解的案件类型；第二，完善对法官调解的考核机制，消除片面追求调解率的不正常现象；第三，明确调解时限，对委派或委托调解未能达成协议的，及时转入审判程序，防止久调不判。对达成调解协议的，经当事人申请制作调解书或进行司法确认。

三、完善行政机关负责人出庭应诉及败诉行政案件报告制度,助推法治政府建设

1. 完善行政机关负责人出庭应诉制度

行政机关负责人出庭应诉,以积极的态度出庭发声,既有利于展示法治政府的良好形象,又有利于强化行政机关依法行政的能力,更有利于实质性化解行政争议,对加强法治政府建设具有重要意义。《中华人民共和国行政诉讼法》确立了行政机关负责人出庭应诉制度,使之成为行政诉讼制度的重要组成部分。广东省对行政机关负责人出庭应诉工作高度重视,但仍有进一步提升的空间。对此,可以从以下几方面做进一步的改善。

(1) 完善行政机关负责人出庭应诉报告制度。明确各级行政机关要报告出庭应诉案件简况、应诉效果、经验做法,压实行政机关负责人出庭应诉的主体责任,发挥领导干部"关键少数"的示范作用。

(2) 加强示范法庭建设,助推行政机关负责人积极应诉。推进人大代表、政协委员、镇街负责人参与旁听的示范法庭建设,通过对典型案例示范庭审进行生动宣传,使行政机关负责人走出不愿出庭的思维误区。

(3) 强化庭审发言,推动行政机关负责人实质性应诉。在庭审过程中,增加行政机关负责人发言环节,让行政机关负责人既出庭又出声,还要出效果,倒逼行政机关负责人熟悉案情,认真准备,积极应对。

(4) 借力人大、政协开展监督,推动行政机关提高依法行政水平。定期向人大、政协报告行政机关引发的行政诉讼情况,并提出建议,借力人大、政协对行政机关依法行政的进一步监督,力促行政机关提高依法行政水平。

2. 完善败诉行政案件报告制度

强化对败诉行政案件整改情况的监督,既可以保障行政诉讼原告的合法权益,提高政府的公信力,也可以避免消耗不必要的司法资

源,真正做到败诉一宗案件,规范一类行为,建立一类制度,堵塞一类漏洞。

在广东省持续推进败诉行政案件分析报告制度工作的基础上,为进一步强化对败诉行政案件整改情况的监督,可采取以下措施。

(1)完善败诉行政案件分析报告制度。一方面,对于法院判决行政机关以部分撤销或变更具体行政行为等7种情况,要求行政机关对败诉行政案件进行深入剖析,查找败诉的原因,提出整改措施,并向上一级机关报告。另一方面,将行政机关败诉行政案件整改的有关情况纳入"两会"政府工作报告和政府机关年度考核及执法质量考核评议范围,作为人大检验各级行政机关依法行政水平的重要指标。①

(2)制定对"一败再败"的行政机关的惩戒机制。行政机关发生败诉行政案件后,新做出的行政行为再次以相同原因败诉的,将在"法治广东建设考评"中予以扣分,通过考评把败诉行政行为的整改压力传导给被诉行政行为承办机关或者机构。②

(3)构造全面及时的败诉行政案件信息共享机制。建立由广东省高级人民法院、广东省司法厅共同组成的败诉行政案件分析报告联动工作机制,及时收集全省各级法院做出的生效败诉行政裁判文书,并对个案信息进行汇总、分析、研究,为实施败诉行政案件分析报告制度提供有力的数据支撑。③

---

① 参见刘武俊《行政机关要认真对待败诉的行政官司》,载《中国审计报》2020年11月11日第7版。
② 参见广东省司法厅行政应诉处《省司法厅建立败诉行政案件报告制度及行政机关负责人出庭应诉年度报告制度》,载广东省司法厅网(http://sft.gd.gov.cn/sfw/news/toutiao/content/post_3114009.html),访问日期:2021年10月15日。
③ 参见简方勇《败诉行政案件分析报告制度的探索与思考——以广东省为例》,载《中国司法》2021年第6期,第59页。

第四节　聚力司法行政严管严治，赋能司法行政高质量发展

一、加强证据体系建设，提高司法鉴定质量和公信力

为进一步规范司法鉴定工作，引导当事人正确实现诉求，应做到以下几点。

（1）严把鉴定的启动门。当事人提出鉴定申请时，法院应从查明案件事实真相出发，为维护当事人的权利去进行审查确认。对于重新鉴定，可通过司法解释、地方法规等形式对重新鉴定的前期条件进行具体规定，同时以制定指导意见等形式对法官的实质审查义务，即如何合理采信单方鉴定意见、如何审查重新鉴定申请做出指导，并明确规定当事人滥用申请重新鉴定的法律后果。这既能合理限制重新鉴定，又能充分发挥重新鉴定对于实体正义的积极作用。

（2）建立完善的鉴定人出庭作证制度。《民事诉讼法》对鉴定人不出庭规定了法律后果，在此基础上可进一步细化，如可明确鉴定人因出庭导致的误工损失及耗费的交通费用等可依法获得相应的经济补偿。同时对于鉴定意见存在明显瑕疵的，若系鉴定机构故意或重大过失所出具的错误结论，给当事人造成不良后果的，鉴定机构应承担相应民事责任。需要鉴定人出庭质证时，人民法院应该在法庭设立鉴定人席，提高鉴定人在法庭上的地位，消除鉴定人因为得不到尊重而产生的不愿意出庭的情绪。

（3）重视鉴定委托材料的收集。实践中我们常采取当事人提交和法院调取相结合的方式进行鉴定委托材料收集。对外委托司法鉴定程序要求由承办人负责提供案件所需检材、样本。对不真诚配合制作检材的当事人，如提供对比笔迹时故意改变自己平常的书写习惯，或者采取其他手段拒绝提供对比笔迹，致使承办人无法采集到有效样本

的，承办人应留下其不予配合的证据，撤销其申请或退回委托，在此基础上让其承担举证不能的后果。

（4）申请鉴定的事由与可鉴范围要统一。当事人申请鉴定解决的问题不一定能满足法院审理案件的需要，因而必须根据审理案件的需要对当事人申请鉴定的事项进行修正，对当事人申请的不具体、不准确的鉴定事项进行适当调整，使之达到具体化、准确化和规范化的要求。

（5）整合司法鉴定资源，提高司法鉴定质量。对现有司法鉴定资源应予以整合，合理调整区域分布。大力扶持经济欠发达地区的司法鉴定机构，在硬件、软件设施上给予倾斜和照顾。要提高司法鉴定质量，首先要具备必要的司法鉴定科技设备条件。明确规定鉴定机构要有所从事业务范围必需的仪器设备，要有所从事业务范围必需的通过国家计量认证和实验室认可的检测实验室。其次要建立司法鉴定行业全国统一的技术标准，完善司法鉴定科技管理规范。最后要建立对司法鉴定质量的监控制度，制定完善司法鉴定检材的获取、保管、使用制度，规范鉴定文书，加强对鉴定机构的内部管理。严把准入关，强化对鉴定人的教育培训制度，不断提高鉴定人的专业技术水平和职业道德水准。

（6）规范司法鉴定收费标准。加强司法鉴定的收费监督，细化收费标准。第一，建议司法行政机关尽快制定符合国情的、统一的司法鉴定收费标准。联合物价部门对司法鉴定机构的收费采取定期和不定期抽查的方式加强监管，严厉查处乱收费行为。第二，法院加强司法监督。法院可以针对鉴定机构乱收费的情况向司法行政管理部门发出司法建议。同时，法院可对列入鉴定人名册的鉴定机构按照信用等级进行排序，在当事人协商选择鉴定机构时向当事人推荐排在前列的鉴定机构。第三，引入竞争机制。对于涉案标的大、收费多的鉴定案件，可以采取先组织有关机构进行收费竞价的方式，经当事人同意后，在出价较低的机构中随机抽取鉴定机构。第四，协调、督促司法行政部门建立司法鉴定援助制度，对鉴定收费予以缓减免，使人民群众打得起官司，做得起鉴定。

二、推进公证体制改革机制创新，满足公证服务新需求

公证制度是我国司法制度的重要组成部分，其核心是公证书的公信力。公证机构出具的公证书对民事主体的行为选择会产生重要影响，一旦公证书出现错误，民事主体很有可能做出不恰当的民事行为。因此，要推进公证体制改革机制创新，不断满足公证服务新需求。

（1）完善公证法律体系。根据《中华人民共和国公证法》（以下简称《公证法》）的规定，做好相关规章和规范性文件的"立改废"工作，尽快建立以《公证法》为核心的公证工作法规、规章体系，其中，关键是要规定法定公证事项。在我国，北京、上海曾将房地产、土地使用权转让、抵押和继承等与公民利益有关的事项列为法定公证事项，但是并未写入《公证法》。

（2）普及公证法律知识。由于我国法治建设并不完善，我国公民的法律意识十分淡薄，不能够充分意识到公证的重要性，从而导致我国公民参与公证不太积极。对此，政府部门需要加强对于公民公证法律方面的教育，提高广大公民对于《公证法》的认知度。

（3）提高公证人员素质。加强公证队伍的建设，提升公证人员队伍的素质，是保证公证执行的重要因素。加强公证人员的职业荣誉、服务意识等方面的建设，使其能够忠于职守、公正公平，为当事人提供良好且高效的公证法律服务。加强培训制度的建设，根据公证人员的不同层次，因材施教，针对不同的人员提供不同的培训机制，不断加强和提升公证人员的业务素质、政治素质及职业道德素质。

（4）发挥公证行业的监督作用。实践中的公证实务表明，理论与实践常常存在一定的差距。公证跟人们的生活和工作有着紧密的联系，所以公证人员务必以公证法律法规为准绳，做好自己的工作。不被监督的权力往往容易被滥用，因此，公证协会应该充分发挥指导和监督作用，进一步规范公证人员的各项行为，保证公证工作能够高效而准确地开展。

(5) 明确公证处经费渠道。公证处作为一个独立的法人，应具有经费自主权，可专门开设一个独立的账户，其经费支出参考相关事业法人单位的规定执行，公证处的各项开支应该在公证费收入中列支。司法行政机关不应干涉公证处正常的财务支出。①

(6) 落实法人责任制。公证处应该实行主任负责制以及人员聘任制，公证机构的负责人应该由全体公证人员推举产生，负责人应该向公证机构及全体公证人员负责。此外，应该贯彻落实公证员办证奖惩制，将公证员的办证数量及质量同他们的经济收入有机联系起来，这样能够鼓励广大公证员多办证、办好证，在一定程度上提高公证员的工作积极性及主观能动性。②

三、完善律师协会的运作机制，强化律师失信惩戒制度

在推进律师事业发展方面，律师协会具有不可或缺的重要功能。新形势下进一步加强律师协会建设，是深化律师制度改革、推进律师队伍建设的重要举措。因此，应该完善律师协会的运行机制，以深化律师协会改革，推进律师协会发展，发挥律师协会的作用。

(1) 律师协会要充分把握市场化竞争条件下的律师收费问题，严厉打击恶意竞争行为，但不可打击正常的市场行为，导致律师权益受损。

(2) 对律师协会的职责定位和工作分工做出明确界定，完善律师协会的内部管理体制，实行律师协会会长驻会，实行坐班制度。会长负责律师协会的全面工作，对外代表律师协会。秘书长对常务理事会负责，接受会长领导，为会长配备专职助理。要充分发挥会长的作用，强调会长领导协会，让"律师协会挺在前面"。

---

① 参见汤仲兴《公证业引入竞争产生的问题及对策》，载浙江省绍兴市国信公证处官网（http://sxsgzc.com/index.php?c=show&id=157），2007年4月17日。

② 参见程志红《浅析当前公证处存在的问题及解决对策》，载现代商业网（https://www.xdsyzzs.com/gonggongguanli/522.html），2015年1月23日。

（3）律师协会要成立维权、惩戒两个"中心"，充分发挥律师协会行业维权的作用。

律师制度是中国特色社会主义司法制度的重要组成部分，是国家法治文明进步的重要标志。律师队伍是落实依法治国基本方略、建设社会主义法治国家的重要力量，是社会主义法治工作队伍的重要组成部分。要深化律师制度改革，强化律师失信惩戒制度，以充分发挥律师在全面依法治国中的重要作用。

（1）完善委托代理制度。律师自治组织通过制定委托代理合同范本的方式，对委托代理合同的格式、常见内容以及必要事项（如收费标准等）做出较为明确具体的规定，供律师事务所当事人所签订的委托代理合同及其履行情况进行抽样检查，发现律师有违规收费、逃避责任等问题时，可以对其做出适当惩戒，并责令整改。

（2）强化律师行业的奖惩制度。首先，要重视律师协会在自律监管方面的作用，增加其实际性的惩戒权。着力改变我国律师惩戒制度较为粗糙的现实状况，增加惩戒措施，特别是增加罚款等经济性惩戒措施。其次，还应完善惩戒程序，增加被惩戒律师的救济性权利，以保障惩戒制度的正确实施。最后，在加强惩戒律师失信行为的同时，建立制度化的律师诚信奖励机制，完善诚信律师的评价标准和评选机制，设置包括名誉、经济以及教育机会等内容在内的奖励措施，进而形成对律师诚实守信的有效激励。

四、创新狱政管理工作，提高监狱刑罚执行工作水平

狱政管理要适应监狱体制改革的新形势，必须对现有的管理机制进行改革，要实现由"僵化"向"效率"的转变。

（1）重塑监所管理理念。监所单位的领导层面要充分认识到监所所承载的社会功能，即教育改造在押人员、维护社会安全稳定，要明确"教好人"的职责，而非固守"管好人"的传统思维。在实践中，要保证各项教育改造任务的有效开展，围绕在押人员的"再社会化"进行工作创新，真正提高对在押人员的"改造成功率"。

（2）科学化配置监所警察队伍。作为监所工作的主体，监所警察队伍在执法、安全、改造三大管理中具有特殊地位和作用，对监所警察队伍进行科学化的配置成了当前监所改革的当务之急。第一，大力推进监所警察年轻化，选拔优秀人才加入监所警察队伍，破解目前监所警察队伍警力不足的困境；第二，大力推进监所警察专业化，建设一支拥有法学、心理学、教育学、社会学知识以及专业技术的强有力的监管队伍；第三，大力推进监所警察队伍与高校、科研机构的交流协作，通过聘请专家学者作为顾问等方式来有效应对监所工作中的复杂性、专业性任务。

（3）建立健全监所的巡回检察制度。通过将巡回检察与派驻检察结合起来，强化刑事执行检察力度和效果，保障在押人员的合法权益，维护监管秩序，完善减刑、假释、暂予监外执行的监督机制，坚决防止刑讯逼供、滥用强制措施等行为，充分保障监所在押人员的合法权益。

第四章　新时代司法体制改革的制度化建议

影响司法公正的顽疾沉疴表现形式多样、极易复发反弹，这既是人民群众反映强烈的焦点，也是削弱执法司法公信力的痛点。整治各种顽疾沉疴是政法队伍教育整顿的重要任务。整治工作是否坚决彻底，事关教育整顿成效，事关执法司法公正、高效、权威，事关人民群众对法治建设的获得感。

用心、用情、用力解决好群众"急难愁盼"问题，是深化巩固政法队伍教育整顿成果的必然要求，是政法机关不断提升依法履职能力的应有之义。从群众最期待的事情做起，畅通人民群众反映问题、表达诉求的渠道和方式，积极回应个案诉求，通过大数据加强对群众所反映的共性问题的研究和处理，政法机关必将进一步提升管理服务质量和水平，切实维护国家安全、社会安定、人民安宁。

第一节　规范公安机关执法行为，提升公安执法效能

天下之事，不难于立法，而难于法之必行。一些政法干警执法随意，粗放执法、变通执法、越权执法；有的滥用强制措施侵犯公民合法权益；有的办关系案、人情案、金钱案；等等。[①] 这些公安执法乱象严重损害了党和政府的形象，让群众对行政执法产生误解，让社会

---

① 习近平：《严格执法　公正司法》（2014年1月7日），载《十八大以来重要文献选编》（上），中央文献出版社2014年版，第717页。

对政府公信力产生了质疑。对此，应聚焦行政执法存在的重点问题，抓住职业良知、坚守法治、制度约束、公开运行各个环节，加强执法监察，畅通管理衔接体制，优化行政执法方式，把维护好人民权益作为政法工作的根本出发点和落脚点。

一、坚持问题导向，推进严格规范公正文明执法

（1）加大执法强度、力度，切实严格执法。在行政执法方面，首先要做到严格执法，行政机关应当在依法行政的前提下，适当加大执法的强度、力度，做到执法必严、违法必究，确保各项法律法规得到严格的遵守和执行，以严格执法促全民守法。第一，加大对重点民生领域的执法强度、力度。对于一些影响严格执法的常态化问题，如干警及其家属违规从事经营活动、违规参股借贷等，要结合已有的经验做法，大力开展定期常态化的专项整治工作。第二，加大对执法监督的强度、力度，整合公安机关内部资源，探索既能"管案"又能"管人"的双管模式，加强内部监督，建立健全全民监督反馈渠道，加强外部监督。

（2）推进执法规范化建设，切实规范执法。要杜绝违法执法现象，有效提升公安机关的公信力，推进执法规范化建设是关键。第一，推进执法规范化制度建设。进一步规范公安执法工作的流程要求，完善相应法律法规，细化相应执法标准，让执法人员有法可依、有法敢依。第二，推进执法规范化培训建设。建立常态化学习平台，确保执法人员能够及时掌握最新的执法规定，广泛开展实战化培训模式，通过具体实践、模拟演练、案件研讨等方式，在实操中提高执法规范化水平。第三，推进执法规范化管理平台建设。通过对执法大数据网络管理平台的建设和维护，实现公安执法信息网上录入、执法程序网上流转、执法活动网上监督和执法情况网上查询，在提高执法效率的同时，通过平台保证执法全过程网络留痕，保证执法的规范化操作。

（3）深入执法理念教育，切实公正执法。在执法活动中，要努

力让人民群众在每一个案件中都能感受到公平正义，就必须深入执法理念教育，从思想上秉持一切为了人民、一切依靠人民的根本遵循。深入执法理念教育，首先要提高政治站位，坚持执法活动服从和服务于经济社会发展的大局，坚持以新时代中国特色社会主义法治思想为根本指引，坚决摒弃西方错误的法治思想，筑起思想长城。深入执法理念教育，要建立常态化的学习教育模式，利用新媒体、新技术加强当代法治思想的宣传，加强对执法人员的执法纪律和职业道德教育。

（4）加强执法队伍建设，切实文明执法。执法队伍是执法活动的主体，执法队伍的水平也影响着执法活动的水平，执法中出现的问题大多是执法人员的问题，因此要始终加强对执法队伍的建设，切实做到文明执法。第一，加强执法队伍的文明执法教育。整合推进法治文化、警营文化、廉政文化、民本文化的一体化建设，不断强化这些文化对执法队伍的熏陶和影响，促进全体执法队伍牢固树立文明执法意识。第二，加强执法队伍的专业能力建设。围绕扫黑除恶、应急处突、政法改革等工作重点，大力实施政法人才培养战略，全方位提升执法队伍的法律政策运用能力、防控风险能力、群众工作能力、科技应用能力等。

（5）注重执法科技赋能，切实及时执法。充分发挥广东省强有力的科技支撑力，加快研发综合执法网上管理平台，树立"互联网＋"的现代公安执法理念，大力推进数字执法进程，活用人工智能等先进技术为公安执法提供有力的辅助支持，坚持以信息化带动高效化，努力实现以科技执法带动及时执法。

二、全面优化公安执法方式，不断提高公安执法效能

公安执法效能指的是公安执法的效果和作用，而能否充分发挥公安执法效能，是衡量一个国家法治化的重要标准，是体现一个国家经济社会发展水平的重要指标。由于人民群众往往通过公安执法活动来认识和评价公安机关，因此，如何充分发挥公安执法效能、建立高效的公安执法机制，让人民群众在每一个案件都感受到公平正义，是在

建设法治公安这一庞大的系统工程中必须深刻思考的问题。要提高公安执法效能，在执法过程中必须做到以下几点。

（1）全面贯彻源头治理执法理念，助力和谐社会建设。这就要求在公安执法中不仅能够做到依法依规有力惩治违法犯罪行为，而且能够摸清楚案件发生的社会原因、环境原因、文化原因等根源，进而做实做好矛盾纠纷排查化解工作，创新调解工作模式，创新法制宣传形式，积极引导人民群众化解内部矛盾，着力抓小、抓早、抓苗头，把矛盾化解在基层，解决在萌芽状态，保证矛盾不上交，案结事也了，努力实现公安执法既治标又治本的目标，保障全社会和谐稳定。

（2）着力改革创新，全面推行网上办案。广东省公安机关应积极开发执法办案与监督管理系统，实现执法信息网上记载、执法文书网上生成、执法质量网上考评、执法问题网上预警，保证执法办案更加透明规范，全面提高办案实效。

（3）全面落实"谁执法谁普法"责任制，保障公安执法人员在办案过程中及时解答人民群众产生的法律疑问，进一步提高公安执法的法制教育效能。对于执法相对人，要及时告知执法相关的法律依据、救济途径、自身的权利和义务等必要的法律知识，鼓励和支持律师参与矛盾纠纷的调处和法律服务的提供，做到点对点式的"特殊普法"；对于一般群众，则要突出加强法制宣传教育，选取一些具有代表性的典型案例，常态化地开展对一般执法活动的知识宣传，做到点对面式的"一般普法"。

第二节　破解体制性机制性障碍，维护社会公平正义

一、教育整顿司法队伍，克服趋利避害心理，完善内部合规体系

（1）强化教育警示。进一步加强司法队伍的思想政治教育和作风建设，将教育整顿与政治教育、党史教育、英模教育相结合，着力提高司法工作人员的思想觉悟，打牢司法队伍的思想基础，坚持以人民为中心，努力让人民群众在每一个案件中都感受到公平正义。进一步开展针对办案人员的常态化警示教育，以典型的违法违纪反面案例作为警示样本，使前车之覆成为后车之鉴，夯实廉政建设基础，稳抓作风建设重点，保证司法公正。

（2）加大惩处力度。对于司法工作人员违法办案的行为必须严肃追责问责，司法队伍的建设必须坚持刀刃向内，依照法律法规从严处理，构成犯罪的，依法从严追究刑事责任。对于故意违反法律法规办理案件、因重大过失导致案件错误并造成严重后果，或者存在监督管理责任的，要依法、依规、依程序追究相关人员的责任。对于作风不正、办案不廉、严重缺乏职业良知的司法工作人员，要及时剔除出司法队伍。严厉惩治司法腐败，真正净化司法环境，筑牢思想长城，做到警钟长鸣。

（3）破解监管难题。依托现代大数据技术，研发执行审判回避监督管理平台，建立离任人员、在职人员信息库，加大对数据分析、信息比对等技术的运用力度，对离任人员、在职人员的信息与审判执行案件的关键节点信息严格比对，实时核查与定期抽查方式相结合，进一步规范对离任法官、检察官的从业限制、监督管理、责任追究机制，严厉打击离任法官、检察官进行幕后代理、隐名代理等充当司法

捎客的行为，对上述违法情形进行有效的监督管理，破解长期阻碍有效监管司法工作的难题。

（4）拓宽监管渠道。第一，探索建立律师与法官、检察官互评机制，为共同提升法律职业素养，提高法律专业水平，培养法律职业良知，促进律师与法官、检察官之间相互监督、良性互动提供切实可行的渠道，促进法律职业共同体内部监督机制的建设。第二，依托现代互联网技术做好群众意见建议、信访投诉等工作，建设统一的检举平台，实施"开门纳谏"，广开言路，充分听取群众对司法工作的满意度调查情况，并将其纳入对司法工作人员的评价机制中。第三，发挥特约监督员的监督作用，特别是律师的作用，为特约监督员参与旁听大案要案庭审、见证和参与执行等创造条件，建立健全特约监督员的监督意见绿色通道。第四，重视媒体的监督作用，建立健全执法司法案件舆情监测与管理监督联动机制，对媒体揭露的、损害司法公信力的问题要整改到位，对相关责任人员要严肃追责。

二、加强证据体系建设和运用，突出维护实质正义

证据法治乃规则之治。坚持证据法治，以证据作为裁判的逻辑起点，是准确认定案件事实、公正处理案件、有效维护当事人合法权益的重要保障。要实现证据法治，需要建立科学严密的证据理论体系、全面完善的证据规则体系、高效有力的证据裁判体系，促进证据运用走向理性化、规范化和科学化。

（1）发展声纹等生理信息和数字证据收集鉴定技术，例如，建立和利用声纹数据库资源，为处理重大疑难案件提供重要的技术支持。

（2）尽快编写印发各类案件证据指引，并依托互联网平台进行推广，为老百姓了解怎么打官司提供查询路径。

（3）降低市县派出所运用省级证据技术的门槛，让基层干警用得了科技手段、办得了民生要案。

（4）法庭要引导律师多从证据角度进行辩护，注意提升律师运

用证据的能力，避免无效辩护，提高审判效率。

三、发展公平正义审判理论和价值体系，营造维护公平正义的司法环境

党的十八大以来，以习近平同志为核心的党中央坚持与时俱进的理论品质，在公平正义理论的价值定位方面取得了一系列新突破。公平正义被上升到中国特色社会主义内在要求的高度、被提升到国家核心价值观的高度，其在党和国家事业发展中的重要地位和作用得到进一步明晰。

在全面推进依法治国中促进社会公平正义的实现，一方面要把理想信念教育摆在政法队伍建设的第一位，不断打牢高举旗帜、听党指挥、忠诚使命的思想基础，坚持党的事业至上、人民利益至上、宪法法律至上，永葆忠于党、忠于国家、忠于人民、忠于法律的政治本色，以最坚决的意志、最坚决的行动扫除政法领域的腐败现象，坚决清除害群之马；另一方面要让人民群众走近司法、了解司法、理解司法，加大公平正义理论体系的教育宣传力度，让老百姓对政法工作有正确的认识和合理的预期。

四、推进司法行政制约监督体系建设，彰显司法行政新作为

（1）狠抓司法监督重点工作，完善党对司法的领导监督机制。切实提高政治站位，严格执行《中国共产党政法工作条例》，确保将党的领导监督落实到司法工作的全过程和各方面，继续加强对重大事项请示报告制度、个人有关事项报告制度等的监督落实，细化请示报告的范畴和程序，对于重特大案件的办理情况、重大专项工作的推进情况等要积极主动地接受上级的领导监督。对于中央反复强调的"三个规定"重大事项记录报告制度要全面落实，特别加强对司法机关工作人员有关这一问题的宣传教育和监督检查，确保将这一政法队

伍教育整顿中的首要问题解决到位，确保将这一长期滋生司法腐败的顽瘴痼疾彻底整治。

（2）构建全程司法监督体系，着力构建内部监督、社会监督、舆论监督三位一体的立体监督制约格局。第一，完善政法系统内部监督机制。就法院系统而言，强化上级法院对下级法院的监督指导职能，着眼于规范自由裁量权的重点问题，坚持类案同判原则，统一裁判口径，进一步完善审判权力和责任清单，强化院长、庭长审判监督管理权，坚持事中监督。就检察系统而言，优化四级检察机关分工负责、各有侧重的法律监督工作格局，明晰监委会、检察长、检察官办案职责，建立健全捕诉一体改革后刑事检察部门内部的制约监督机制，完善认罪认罚自愿性保障和合法性审查机制。就公安系统而言，深化受立案改革和刑事案件"两统一"改革，全面推行法制员制度，落实行政裁量权基准制度和公安机关重大疑难案件集体讨论制度，大力推行派驻督查制度。就司法行政系统而言，加强对监狱、戒毒所、社区矫正处、司法鉴定处等重点领域和关键环节的监督管理工作。第二，完善社会监督机制。加强当事人及其律师监督制度建设，完善律师与法官、检察官互评机制，完善检察机关听证审查制度，完善当事人案件回访和问题反映及满意度评价制度，切实提高司法活动的透明化和公开化，切实提高人民群众对于司法工作的满意度。第三，完善舆论监督机制。完善政法信息发布制度，及时回应社会关切，对于社会普遍关注的重特大案件，建立健全主动通报媒体、主动邀请媒体采访机制，发挥新闻媒体的正面引导作用，着力化解潜在的社会矛盾和舆情风险，培育良好的法治社会氛围。

（3）建设智能化司法监督系统，将科技优势转化为监督效能。①充分发挥大数据平台作用，加强政法业务运行分析研判工作机制建设，通过办案信息网上无缝流转，实现司法工作跨部门协调联动，强化智联沟通机制。②探索运用区块链技术，利用其不可篡改和不可伪造的技术特性，实现案件监管网上全程留痕，电子卷宗数据全程保全，强化智享数据机制。③推动司法监督工作与科技应用深度融合，完善线上司法流程细则，优化风险提示、瑕疵错误预警、审判回避监督管理、离职人员信息比对等功能，开发裁判尺度自主分析提示、异常情况及时预警等智能办案辅助功能，强化智能监测机制。

五、建立干预司法追责制度，打击幕后推手和利益驱动

公正是司法实践追求的最高价值，是司法的生命线。打击幕后推手和利益驱动，关键是排除行政权对司法权内部、外部的不当干涉和破除司法腐败，以确保司法机关独立、清廉行使司法权，实现司法公正。

（1）先行探索建立司法机关独立的财政、人事管理体制。在财政体制上，司法机关的经费拨付可由广东省财政统一列支，拨付到广东省高级人民法院和广东省高级人民检察院，再由省高级人民法院和省高级人民检察院根据广东省各级司法机关的司法实践需要进行分配。在人事管理体制上，可先行取消参照公务员考试的人事管理制度选任法官，建立独立的法官选任制。

（2）建立干预司法追责制度。针对行政领导干预司法活动和插手具体案件的现象，建立严格的记录和通报制度，做到对干预和插手行为的全程留痕，并建立相应的惩戒措施，将其作为行政领导考核和绩效评价的一重标准。同时，建立司法人员履行法定职责的保护机制，让司法人员在对抗行政权的干预时无后顾之忧。在法院内部，要健全落实"三个规定"工作机制。畅通信息直报系统，建立干预过问案件情况月报告和"零报告"制度，健全对记录违规干预、过问案件办案人员的保护和激励机制。将法院工作人员违反规定过问案件和干预办案情况，以及办案人员记录过问案件情况，纳入党风廉政建设责任制和政绩考核体系，与部门领导班子履行主体责任直接挂钩。

（3）健全法院廉政风险防控体系，从根本上破解司法腐败的深层次问题。一方面，要与时俱进地开展廉政风险防控工作。要处理好惩治和预防的关系，实现惩治和预防的有机结合，坚持惩防并举、预防在先、关口前移，尽可能减少和控制诱发司法腐败的风险。因此，要突出重点岗位，深入查找风险部位，制定防控措施和实施细则，做

到岗位职责明确、廉政风险清楚、防控措施得力。紧紧抓住"一把手",突出"头雁效应",建立队伍建设巡查、政法机关领导班子挂点联系、重点案件"一把手"包案等制度。开展司法人员排查,查找个人廉政风险点,并针对排查出的廉政风险点制定防范措施,建立健全事前预警、事中监控、事后处置三道防线。另一方面,要科学合理地开展廉政风险防控工作。深化体制机制改革和制度创新,从人、财、权等容易滋生腐败的重要权力部位入手,构建司法权力公开透明运行机制,建立全面清理审核权力制度,编制职权目录,对职权目录中的每一项权力,依照运行程序绘制并公布流程图。构建防止利益冲突制度,围绕权力和利益之间的关系,做出合理的权力安排和利益安排,阻断司法人员腐败的通道。

(4)完善自觉接受外部监督制约机制。各级司法机关应当依法依规自觉接受人大监督、民主监督、群众监督、舆论监督和检察机关的法律监督,确保司法活动在受监督和约束环境下有序开展。各级司法机关应当积极运用司法公开"四大平台",积极构建开放、动态、透明、便民的阳光司法机制,拓展司法公开的广度和深度。贯彻落实《中华人民共和国人民陪审员法》,切实做好人民陪审员的选任、参审、培训、管理、宣传等工作,保障人民群众有效参与和监督司法。

第三节 解决制约司法能力的问题,提高诉讼服务水平

一、全面落实司法责任制,深化司法体制改革

司法责任制是我国司法改革各项措施的"牛鼻子",是中国特色社会主义司法制度的核心环节,围绕司法责任制推进司法体制改革,可以合理地解决当前我国司法体制改革进程中的系统性、配套性的障碍,增强司法权运行过程中各方面、各环节、各层次改革措施的协调

性、联动性和配套性。

（1）完善司法人员选任制度，提高队伍水平。广东省三级法院要按照顶层设计确立的指导原则，以"五个过硬"为员额法官遴选标准，严格遴选程序，建设一支高素质的员额法官队伍。坚持"放权放到位"的原则，全面落实法官主体地位。规范院庭长行使审判管理权与审判监督权的权力边界和行权方式，完善主审法官、合议庭办案机制，改革审判委员会运行机制，使案件"审理者"与"裁判者"归为一体。建立权责统一、权责明晰、权力制约的司法权运行机制。制定员额法官、各类审判组织与人员的职责清单，细化审判权运行的各个流程节点，规范审判权的运行。严格依法追究法官违法审判的责任，实行案件质量终身负责制和错案责任倒查问责制，不断健全司法人员办案业绩评价体系，让司法责任制成为"硬约束"。强化司法人员依法行权、公正办案保障机制，严格保护司法人员依法履行法定职责，推进法官单独薪酬制度等综合配套改革。

（2）推进法院和检察院办案组织改革，建立科学合理的办案责任制。一要完善内部组织架构。综合考虑人员结构、案件类型、难易程度、综合调研等因素，适应繁简分流和专业化分工需要，灵活组建多种类型的办案团队。强化办案团队作为办理案件单元、自我管理单元的功能，根据职能需要合理确定人员配比。二要完善案件分配机制，健全办案质效考核评价机制。应当合理确定案件类型搭配方式，灵活配置人力资源，尽可能在不同办案团队之间随机分案，避免一类案件长期由固定办案团队办理。对于相对固定的办案团队，人员应当定期调整。

（3）继续深化司法体制改革，下决心解决影响司法公正和制约司法能力的深层次问题。一要继续深入推进以审判为中心的诉讼制度改革。①健全完善证据制度和诉讼程序，严格实行非法证据排除规则，完善冤假错案有效防范、及时纠正机制。②要以科学司法理念为引领，健全事实认定符合客观真相、办案结果符合实体公正、办案过程符合程序公正的制度。③完善当事人、辩护人和其他诉讼参与人的权利保障制度，完善审前程序，推进庭审实质化，完善宣判制度。二要全面深化司法体制综合配套改革。①全面落实司法责任制，建立与法官、检察官职务序列相配套的职业保障制度、绩效考核制度、员额退出机制。②要积极稳妥推进法院内设机构改革，优化司法职权配置，坚持在专业化建设基础上实行扁平化管理，实现执法司法力量向基层下沉，着力构建新型司法管理体制。③要完善司法监督考核评估机制，切实提高司法改革整体效能，确保执法司法更加高效、公正、权威。三要全面实施立案登记制改革，对依法应当受理的案件，做到有案必立、有诉必理，积极构建全覆盖、立体式、多元化的登记立案新模式，形成以当场立案为主体，以网上立案、自助立案、跨域立案、协作立案等为支撑的立案新格局，让老百姓打官司更加方便快捷。四要推进矛盾纠纷多元化解和案件繁简分流，建立相互协调、有机衔接的多元化纠纷解决机制，加快人民法院调解平台与仲裁机构、公证机构、人民调解平台、行政调解平台、行业调解平台等非诉讼解纷平台对接，引导当事人选择人民调解、商事调解、行政调解、仲裁等非诉方式化解矛盾。五要进一步加强科技融合。充分利用司法大数据，科学分析法院人员、案件情况，促进科学决策。深度应用并不断完善智能审判支持、庭审语音识别、文书智能纠错、庭审自动巡查等智能辅助办案系统，促进提升审判质效。

二、完善案件办理机制，创举解决群众诉讼难问题

（1）从群众感受最直观的"诉讼难"问题改起，切实解决不立案、乱立案问题。一要规范立案审查主体。人民法院的立案审查工作由立案庭统一负责，其他审判业务庭不得自行立案。对于那些不确定是否应当立案以及把握不准的疑难、新类型案件，应当提交审判委员会讨论决定。二要规范立案审查工作。要认真贯彻相关法律规定，规范和改进立案受理工作，切实保障进口通畅，坚决防止人为阻滞立案。三要充分发挥全省各级法院立案投诉举报电话的作用。上级法院对于受理的投诉举报要认真及时地核查，做好向当事人解释的工作，坚决克服工作中存在的"衙门作风""老爷心态"，实现角色和心态

的转换，与人民群众打成一片。

（2）建立和完善信访积案和重案管理机制，坚决打好信访积案化解攻坚战，集中整治重点领域信访突出问题，全面加强信访基层基础工作，创新健全信访工作制度机制，大力推进网上信访工作提质增效。

（3）尝试设立死因裁判法庭，将非正常死亡事件导入法治轨道。一些非正常死亡事件涉及政府部门等公权机关，极易引起公众的强烈关注，如果引导不及时，可能引发群体性事件等公共危机。对此，可参考香港地区设置专门的"死因庭"作为死因调查裁决机构，明确其组成人员、启动方式和调查程序。死因庭可就个案对政府部门提出工作改进建议，以有效杜绝类似事件的发生，让非正常死亡所引发的事件在理性、平和和公正的氛围中得到妥善处理。

（4）坚持"观念建设和诉讼解决相统一"的原则。在当前民事审判实践中，出现部分当事人依法维权意识强、履行义务意识弱，对诉讼的期望值过高的现象。针对这一现象，一方面，要加强观念建设，从心理上消除部分群众对于诉讼的不合理期待；另一方面，要真正解决纠纷，满足人民群众的合理诉讼期望。例如，培育全民良好的法治社会心态，健全群众诉求表达机制，构建阳光司法机制，加强社会综合治理，大力开拓解决纠纷的渠道等。

三、优化审判资源组合，破解"案多人少"困局

（1）着力法治社会建设工作，解开"案多"困局。进一步加大法治宣传力度，增强全民法治观念，加快推进法治社会的建设，是解决"案多"问题的治本之策。要加快推进法治社会的建设，就必须在全社会范围内加强法治教育，创新普法宣传工作的内容和形式，提高普法宣传工作的针对性和实效性，真正做到分类施教、全民受教。而对于广大青少年的普法宣传，则尤其需要加强，要将法治教育纳入国民教育体系和精神文明创建内容，保证公民发自内心地信仰法律。此外，在司法工作中要坚持"事要解决"原则，坚持"治本"策略，

讲求法律效果、政治效果和社会效果的协调统一，引导人民群众培育良好的法治社会心态，主动化解因无法理解现代法治规则而产生的社会戾气，从源头上做好化解矛盾纠纷和增强法治观念工作，进而解开"案多"困局。

（2）改进司法队伍建设策略，解开"人少"困局。对于司法机关办理的案件，在必要时可以借助机关外部力量协助办案，建立健全邀请法学专家、专家型法官、知名律师以及有法律职业背景的人大代表、政协委员等参与对重大疑难案件的评议、咨询和研判，提升办案质量和社会效果，缓解司法机关办案压力。此外，还要切实推进司法机关常态化招录法科学生实习制度，探索与高校、科研机构等联合培养未来法官、未来检察官的模式，探索建立引进法律专业人才到司法机关工作的"绿色通道"机制，鼓励法科学生积极参与司法机关实习，鼓励法官、检察官积极担任高校、科研机构兼职教授或校外导师，从源头上做好司法人才储备工作，进而解开"人少"困局。

（3）重视科技赋能司法工作，同时保障司法质量和司法效率。牢固树立向科技创新要战斗力的现代化司法工作理念，推进智慧司法建设工程，强化政法干警的科技应用意识和应用能力，开展对司法机关工作人员的制度化能力培训，发挥考核、评先、晋职的导向作用，增强司法队伍的移动化办公、可视化管理、数据化分析等信息化工作能力。以科技赋能司法，努力实现用"人少"的司法队伍也能解决"案多"的工作形势，着重依托人工智能、大数据等信息技术，统筹研发、运用智能辅助办案和管理系统，完善类案分析、结果比对、办案瑕疵提示、超期预警等保障司法质量的功能，进一步提高当前司法工作的规范化；统筹研发、运用跨部门大数据办案的平台，努力打造司法业务网上一站式办理的智慧系统，增设网上阅卷、电子签名、语音识别、网上庭审等功能，破解流程多、耗时长的普遍问题，完善公安局、检察院、法院之间的案件信息网上流转和业务协同办理机制，进一步提高当前司法工作的高效化和透明化。始终坚持以司法工作信息化、系统化、现代化促进司法工作高效化、规范化、透明化，做到同时提高司法质量和司法效率。

第四节　贯彻以人民为中心理念，推进全面依法治国

推进全面依法治国，根本目的是依法保障人民权益。人民权益要靠法律保护，法律权威要靠人民维护。① 全面依法治国，要牢固树立"以人民为中心"的理念。执法和司法是全面依法治国的两个重要环节，也是落实以人民为中心的法治理念的关键所在。在执法和司法活动中，必须秉持一切为了人民的执法司法理念，积极推进法治政府建设和司法改革，努力让人民群众在每一个案件中都感受到公平正义。

在执法过程中，需要做到以下几点。

（1）践行为民理念。行政执法工作必须服从和服务于经济社会发展大局，实现行政执法与社会经济发展任务的有效融合。一要切实解决人民群众反映强烈的社会治安问题，依法防范和打击各种违法犯罪，维护社会稳定。二要加强社会领域的执法工作，切实保障人民群众的各项经济社会权利。三要妥善处理好涉及人民群众利益的矛盾纠纷。

（2）规范执法行为。一是执法人员要严格依法履行职责，严格按照法律、法规、规章的授权或委托，在法定职权范围内，依照法定权限行使权力、履行职责；遵循法定程序，严格按照法律、法规、规章规定的步骤、方法、程序、时限开展行政执法，保证执法工作始终在法治轨道内运行。二是着力改进执法方式，推行人性化管理和执法，坚持以教育、疏导为主，力求取得更好的执法效果。三是全面推进行政执法"三项制度"②，结合行政执法"两平台"的推广应用，

---

① 栗战书：《习近平法治思想是全面依法治国的根本遵循和行动指南》，载求是网（http://www.npc.gov.cn/npc/kgfb/202101/cc81f332ebe24aa8a4bf9d25a1a3e306.shtml），访问日期：2022年10月1日。

② 行政执法"三项制度"指行政执法公示制度、行政执法全过程记录制度、重大执法决定法制审核制度。

以信息化手段进一步推行"三项制度"在各级行政执法主体的全面落实。

（3）着力构建体系。构建完备的执法制度体系、规范的执法办案体系、系统的执法管理体系、实战的执法培训体系、有力的执法保障体系，实现执法队伍专业化、执法行为标准化、执法管理系统化、执法流程信息化。

在司法过程中，需要做到以下几点。

（1）做到立足时代、国情、文化，综合考量法、理、情等因素，坚持实体正义与程序正义并举，充分考虑案件发生的社会因素、环境因素及公序良俗等因素，依法妥善审理涉及社会公德和行为规范的案件，正确理解和运用法律，使民意与司法良性共振，切实做到让群众服判息诉。

（2）坚持"积极维护保障人民群众利益"原则。一要深刻把握人民群众对公平正义的新期待，聚焦民生领域的突出矛盾和问题，依法妥善处理涉民生案件，加强保护民营企业产权和企业家的合法权益。二要准确贯彻实施民法典，加强民生司法保障，充分运用司法手段推动解决群众关注的难点、堵点问题。三要加强涉诉信访工作，依法妥善化解矛盾纠纷，提升案件处理效果。

（3）进一步细化司法人员以案释法制度，及时对群众在司法过程中遭遇的有关法律的疑惑进行解释。开展"以案释法"宣讲活动，紧紧聚焦人民群众对法治环境、公平正义等美好生活需求的增量部分，选好以案释法的案例，坚持以群众"听得懂、记得住、用得着"的形式充实以案释法内容，满足人民群众日益增长的法治"软需求"。司法裁判文书应积极回应人民群众对公正司法的新要求和新期待，准确阐明事理，详细释明法理，积极讲明情理，力求讲究文理，不断提升人民群众对司法裁判的满意度，以司法公正引领社会公平正义。

习近平总书记在领导推进全面依法治国进程中，从全局和战略的高度出发，围绕公正司法发表了一系列重要论述，深刻阐明了公正司法的重大意义、根本保证、根本目标、基本要求、基本路径和重要保障，科学回答了为什么要公正司法、实现什么样的公正司法以及怎样实现公正司法等一系列重大理论和实践问题，为做好新时代司法工作提供了根本遵循。

深化司法体制改革，是解决司法领域存在问题、促进公正司法的必由之路。关于改革的必要性，习近平总书记深刻指出："司法不公的深层次原因在于司法体制不完善、司法职权配置和权力运行机制不科学、人权司法保障制度不健全，解决这些问题，就要靠深化司法体制改革。"[1] 因此，要以司法队伍教育整顿为契机，提高政治站位，从全局高度深刻认识教育整顿的必要性和紧迫性，增强"四个意识"、坚定"四个自信"、做到"两个维护"，推动教育整顿走深、走实。要坚持问题导向，准确把握司法权力运行的特点规律，把查找和解决突出问题作为重点，确保政法队伍忠诚、纯洁、可靠，确保全面从严管党治警各项措施落到实处。

---

[1] 习近平：《司法是维护社会公平正义的最后防线》，载人民网（http://www.people.com.cn），2014年10月28日，访问日期：2021年5月10日。

附　录

附表1　广东省法院近三年（2019—2021年）引用《刑事诉讼法》第238条的案例情况

序号	案号	审理程序结果	审结年份	审理法院	引用法条款项①	具体原因
1	（2020）粤18刑终204号	二审改判	2020	清远市中级人民法院	第二百三十八条第（五）项	其他情形
2	（2019）粤刑终1608号	二审改判	2020	广东省高级人民法院（一审法院为深圳市中级人民法院）	未予明确	未予明确
3	（2020）粤刑终672号	二审改判	2020	广东省高级人民法院（一审法院为湛江市中级人民法院）	第二百三十八条第（四）项	审判组织的组成不合法的
4	（2020）粤05刑终77号	二审改判	2020	汕头市中级人民法院	第二百三十八条第（五）项	原审判决以知道案件情况、负有作证义务的人员作为被告单位诉讼代表人，违反了法律规定的诉讼程序

① 表格中所引法律皆为《中华人民共和国刑事诉讼法》。

续上表

序号	案号	审理程序结果	审结年份	审理法院	引用法条款项	具体原因
5	（2020）粤09刑终121号	二审改判	2020	茂名市中级人民法院	第二百三十八条第（五）项	其他情形
6	（2020）粤02刑终73号	二审改判	2020	韶关市中级人民法院	第二百三十八条第（五）项	其他情形
7	（2019）粤02刑终72号	二审改判	2020	韶关市中级人民法院	第二百三十八条第（五）项	其他情形
8	（2019）粤15刑终212号	二审改判	2020	汕尾市中级人民法院	第二百三十八条第（三）、（五）项	剥夺或者限制了当事人的法定诉讼权利及其他情形
9	（2019）粤52刑终389号	二审改判	2020	揭阳市中级人民法院	第二百三十八条第（五）项	其他情形
10	（2019）粤12刑终262号	二审改判	2019	肇庆市中级人民法院	第二百三十八条第（五）项	其他情形
11	（2019）粤09刑终357号	二审改判	2019	茂名市中级人民法院	第二百三十八条第（五）项	其他情形

续上表

序号	案号	审理程序结果	审结年份	审理法院	引用法条款项	具体原因
12	（2019）粤刑终767号	二审改判	2019	广东省高级人民法院（一审法院为广州市中级人民法院）	第二百三十八条第（四）项	审判组织的组成不合法
13	（2019）粤06刑终374号	二审改判	2019	佛山市中级人民法院	第二百三十八条第（三）项	剥夺或者限制了当事人的法定诉讼权利
14	（2019）粤06刑终245号	二审改判	2019	佛山市中级人民法院	第二百三十八条第（五）项	其他情形
15	（2019）粤02刑终133号	二审改判	2019	韶关市中级人民法院	第二百三十八条第（五）项	其他情形
16	（2019）粤02刑终118号	二审改判	2019	韶关市中级人民法院	第二百三十八条第（五）项	其他情形
17	（2019）粤02刑终146号	二审改判	2019	韶关市中级人民法院	未予明确	未予明确
18	（2019）粤刑终177号	二审改判	2019	广东省高级人民法院（一审法院为深圳市中级人民法院）	第二百三十八条第（五）项	其他情形

续上表

序号	案号	审理程序结果	审结年份	审理法院	引用法条款项	具体原因
19	（2019）粤03刑终1347号	二审改判	2019	深圳市中级人民法院	第二百三十八条第（三）项	剥夺或者限制了当事人的法定诉讼权利
20	（2019）粤07刑终166号	二审改判	2019	江门市中级人民法院	第二百三十八条第（五）项	其他情形
21	（2018）粤53刑终128号	二审改判	2019	云浮市中级人民法院	第二百三十八条第（五）项	原审法院在原公诉机关没有建议恢复法庭审理的情况下自行恢复审理并作出一审判决，程序不当，可能影响案件的公正审理
22	（2018）粤05刑终271号	二审改判	2019	汕头市中级人民法院	第二百三十八条第（三）项	剥夺或者限制了当事人的法定诉讼权利
23	（2019）粤14刑终27号	二审改判	2019	梅州市中级人民法院	第二百三十八条第（五）项	其他情形

续上表

序号	案号	审理程序结果	审结年份	审理法院	引用法条款项	具体原因
24	(2019)粤52刑终59号	二审改判	2019	揭阳市中级人民法院	第二百三十八条第（五）项	原审判决以裁定的方式修改实体处理结果，严重违反法定程序
25	(2018)粤52刑终406号	二审改判	2019	揭阳市中级人民法院	第二百三十八条第（五）项	原判认定事实不清，遗漏其他需要一并追诉的犯罪事实
26	(2018)粤14刑终244号	二审改判	2018	梅州市中级人民法院	第二百三十八条第（三）项	剥夺或者限制了当事人的法定诉讼权利
27	(2018)粤15刑终448号	二审改判	2018	汕尾市中级人民法院	第二百三十八条第（二）、（三）项	违反回避制度的剥夺或者限制了当事人的法定诉讼权利

续上表

序号	案号	审理程序结果	审结年份	审理法院	引用法条款项	具体原因
28	（2018）粤13刑终497号	二审改判	2018	惠州市中级人民法院	第二百三十八条第（三）项	在指控的罪名与审理认定的罪名不一致的情况下，在判决前没有听取控辩双方的意见下，剥夺或者限制了当事人的法定辩护权利，属程序违法
29	（2018）粤15刑终422号	二审改判	2018	汕尾市中级人民法院	第二百三十八条第（三）项	剥夺或者限制了当事人的法定诉讼权利
30	（2018）粤09刑终455号	二审改判	2018	茂名市中级人民法院	第二百三十八条第（三）项	辩护人申请原审人民法院通知证人出庭作证，原审人民法院对此未决定是否准许。原审人民法院违反法律规定的诉讼程序，限制了当事人的法定诉讼权利，可能影响公正审判

续上表

序号	案号	审理程序结果	审结年份	审理法院	引用法条款项	具体原因
31	(2018)粤03刑终2353号	二审改判	2018	深圳市中级人民法院	第二百三十八条第（三）项	剥夺或者限制了当事人的法定诉讼权利
32	(2020)粤03刑再5号	再审改判	2020	深圳市中级人民法院	第二百三十八条第（五）项	其他情形
33	(2020)粤刑核11900819号	死刑复核	2020	广东省高级人民法院（一审法院为湛江市中级人民法院）	第二百三十八条第（四）项	原审合议庭组成人员中有代理审判员，审判组织组成不合法，违反法定诉讼程序

附表2　2020年广州市中级人民法院审理重罪案件未开庭审理的案例情况

序号	案号	一审判决结果	辩护/上诉意见	二审判决结果
1	（2019）粤01刑终1762号	一、被告人吴某祥犯组织、领导黑社会性质组织罪……决定执行有期徒刑十八年，剥夺政治权利二年，并处没收个人全部财产……	辩护意见是：（一）本案不符合黑社会性质组织犯罪的四个特征，上诉人吴某祥不构成组织、领导黑社会性质组织罪……（三）一审认定吴某祥占赌场干股没有任何依据，且吴某祥不参与赌场的经营和管理，不应认定为主犯，一审类推认定吴某祥开设赌场情节严重违背了罪刑法定原则。（四）吴某祥没有参与故意伤害案，更不可能是主犯	上诉人吴某祥犯组织、领导黑社会性质组织罪……决定执行有期徒刑十八年，剥夺政治权利二年，并处没收个人全部财产
2	（2020）粤01刑终802号	一、被告人王某峰犯集资诈骗罪，判处有期徒刑十年，并处罚金十五万元	王某峰上诉提出：原审判决没有依法查明本案关键事实，其应当构成非法吸收公众存款罪；其具有如实供述、自首的法定情节，原审判决对其量刑过重，故请求改判其罪名和减轻刑罚	三、上诉人王某峰犯集资诈骗罪，判处有期徒刑八年，并处罚金十五万元
3	（2020）粤01刑终652号	一、被告人陈某某犯诈骗罪，判处有期徒刑十二年零六个月，并处罚金人民币一万元	上诉人陈某某上诉提出：1.其对原审法院事实认定有异议，认为原审认定犯罪金额与事实有相当大的出入，其并未诈骗如此大的金额。2.其前罪案发时不满十八周岁，不构成累犯。3.原审判决量刑过重	三、上诉人陈某某犯诈骗罪，判处有期徒刑十一年，并处罚金人民币八千元

续上表

序号	案号	一审判决结果	辩护/上诉意见	二审判决结果
4	（2020）粤01刑终653号	一、被告人陈某萱犯诈骗罪，判处有期徒刑九年，并处罚金30000元；犯妨害作证罪，判处有期徒刑一年零六个月；数罪并罚，决定执行有期徒刑十年，并处罚金30000元	辩护人的辩护意见：1. 原审判决认定陈某萱构成诈骗罪犯罪既遂不当，被告人应构成盗窃罪未遂。2. 即使认定是欺骗行为导致被害人损失，本案也应认定为合同诈骗罪而非诈骗罪。3. 本案量刑畸重。4. 陈某萱自愿认罪认罚，其家属向被害人赔礼道歉，主动退还购车款47万元及其他费用8万元，得到被害人谅解	三、上诉人陈某萱犯诈骗罪，判处有期徒刑七年，并处罚金30000元；犯妨害作证罪，判处有期徒刑一年零六个月；决定执行有期徒刑七年零六个月，并处罚金30000元
5	（2019）粤01刑终1297号	一、被告人何某军犯运输毒品罪，判处有期徒刑十五年，并处没收财产人民币一万元；二、扣押于公安机关的毒品甲基苯丙胺97.5克予以没收、销毁	经审理查明，一审中，上诉人何某军对公诉指控其的罪名和部分事实、证据有异议。原审被告人何某军不服，上诉认为：1. 在本案被发回重审后，原公诉机关变更起诉其犯运输毒品罪是程序错误；2. 其自认吸毒，但从未运输或贩卖毒品，原判认定其犯运输毒品罪证据不足；3. 在案的执法记录视频录制的并非最初现场，请求二审法院要求公安机关提供案发当日，作为民警最初独自一人上车查包时的现场记录视频，以证实其挎包中实际只有一大一小两包共计不足50克的毒品……	三、上诉人何某军犯运输毒品罪，判处有期徒刑九年零六个月，并处罚金人民币五千元。（刑期从判决执行之日起计算）

续上表

序号	案号	一审判决结果	辩护/上诉意见	二审判决结果
5	（2019）粤01刑终1297号	二、被告人赵某均犯贩卖毒品罪，判处有期徒刑十五年，剥夺政治权利五年，并处罚金30000元	上诉人赵某均称2018年3月其虽然有和曾某可去过东莞，但其没有在交易现场，其没有参与曾某可毒品交易的事情。其不认识本案中的证人	四、上诉人赵某均犯贩卖毒品罪，判处有期徒刑九年，并处罚金20000元

附表3 司法工作人员徇私枉法刑事案件的案例情况（以广东省为例）

案号	审理法院	判决内容（节选）
（2011）阳中法刑二初字第3号	广东省阳江市中级人民法院	被告人程某身为国家工作人员，利用本人职权和地位形成的便利条件，通过其他国家工作人员职务上的行为，为请托人谋取不正当利益，收受请托人223.85万元；为谋取不正当利益，又给予国家工作人员以100.15万元的财物；其身为司法工作人员还徇私枉法，对明知是有罪的人而故意包庇不使他受追诉①
（2014）深中法刑二终字第821号	广东省深圳市中级人民法院	本院认为，上诉人古某、陈某志身为负有监管职责的司法工作人员，采取隐瞒事实、违反法律的手段，意欲使罪重的人受较轻的追诉，其行为均已构成徇私枉法罪。原审被告人卢某宝伙同古某、陈某志共同实施徇私枉法行为，应当以徇私枉法的共犯追究刑事责任，其行为亦构成徇私枉法罪
（2014）深南法刑初字第809号	广东省深圳市南山区人民法院	被告人孙某身为负有监管职责的司法工作人员，采取隐瞒事实、违反法律的手段，故意使罪重的麦某峰受较轻的追诉，其行为已构成徇私枉法罪
（2014）深南法刑初字第809号	广东省深圳市南山区人民法院	本院认为，被告人王某甲身为司法工作人员，利用职务便利，明知在押人员不符合监外执行条件，仍违规押解在押人员出所鉴定，为在押人员亲友制作虚假鉴定意见提供便利，并按虚假的鉴定意见出具暂予监外执行的相关证明，导致不符合暂予监外执行条件的罪犯被暂予监外执行，其行为构成徇私舞弊暂予监外执行罪，公诉机关指控被告人王某甲的犯徇私舞弊暂予监外执行罪的犯罪事实清楚，证据确实、充分，定性准确，本院予以支持

① 本案公开判决书不完整，故表中采公诉意见进行说明。

附表 4　司法工作人员因充当黑恶势力保护伞而"有案不立、压案不查、有罪不究"的相关案例

序号	审理法院	审判时间	文书名称	关键词命中情况
1	鹤山市人民法院	2021.2.8	冼某进受贿罪一案刑事一审判决书	被告人冼某进……为何某谋在河南派出所辖区开设的赌局充当"保护伞",先后多次非法收受何某谋从赌局中抽取送给其本人和时任河南派出所其他班子成员的关系费共计人民币(下同) 508000 元
2	鹤山市人民法院	2020.12.3	张某远受贿罪一案刑事一审判决书	被告人张某远……在河南派出所及其本人接到关于该赌局的相关警情后,采取向何某谋通风报信帮助逃避查处、不及时主动对该赌局进行查禁等方式,为何某谋所开设的赌场充当"保护伞"。到案后,被告人张某远退出赃款 90000 元
3	鹤山市人民法院	2020.11.12	岑某存受贿罪一案刑事一审判决书	被告人岑某存……采取通风报信帮助逃避查处、不及时主动查禁等方式,为涉黑团伙主要成员何某谋(已判刑)在河南派出所辖区内所开设的赌场充当"保护伞"

续上表

序号	审理法院	审判时间	文书名称	关键词命中情况
4	汕尾市城区人民法院	2020.6.17	骆某若、吴某沙、吴某育受贿罪一案刑事一审判决书	被告人骆某若在任海丰县公安局梅陇分局局长、海丰县公安局副局长期间……长期充当其黑社会性质组织的"保护伞",帮助林某双及其组织成员开设的赌场逃避查禁,不依法履行自身职责,放纵以林某双为首的黑社会性质组织进行违法犯罪活动
5	湛江经济技术开发区人民法院	2020.6.16	梁某宏开设赌场罪一案刑事一审判决书	该赌场由吴某中、刘某勇两人共同负责打点公安关系,即收买当地公安机关个别工作人员作为赌场"保护伞",为赌场顺利开设提供方便
6	汕头市潮阳区人民法院	2020.5.14	陈某兴、朱某书单位受贿罪一案刑事一审判决书	时任新溪边防派出所所长的被告人朱某书、政治教导员的被告人陈某兴……对以谢某忠为首的黑社会犯罪组织所进行的走私冷冻等物品不予查处,为其充当"保护伞"
7	中山市第一人民法院	2019.11.15	代某定、黄某伟组织卖淫罪一案刑事一审判决书	中山市公安局南朗分局辅警梁某1证明其为黄某伟、代某定做"保护伞",每月收取3000元(每个卖淫女每月1000元)

续上表

序号	审理法院	审判时间	文书名称	关键词命中情况
8	湛江经济技术开发区人民法院	2019.7.18	曾某宇开设赌场一审刑事判决书	该赌场由吴某1、刘某、陈某三人共同负责打点公安部门关系,即收买当地公安机关个别工作人员作为赌场"保护伞",为赌场顺利开设提供方便
9	惠州市惠阳区人民法院	2019.3.20	刘某平受贿、帮助犯罪分子逃避处罚一审刑事判决书	被告人刘某平身为公安机关的聘请人员,受委派在履行查禁犯罪活动职责过程中,利用职务上的便利为他人谋取不正当利益,共非法收受他人人民币43500元,数额较大;又为他人开设赌场通风报信,充当"保护伞",帮助犯罪分子逃避处罚
10	湛江经济技术开发区人民法院	2018.3.29	柯某伟、吴某中开设赌场一审刑事判决书	该赌场由吴某中、刘某、陈某东三人共同负责打点公安机关关系,即收买当地公安机关个别工作人员作为赌场"保护伞",为赌场顺利开设提供方便
11	深圳市盐田区人民法院	2016.5.19	范某受贿罪一审刑事判决书	被告人范某,原系深圳市公安局宝安分局法制科副主任科员(三级警员),涉嫌玩忽职守、徇私枉法、通风报信、受贿贿赂等为赌博团伙充当"保护伞"的违法违纪问题

附表5 司法工作人员为追求破案率而有案不立、压案不查、
有罪不究的情况的相关案例

序号	审理法院	审判时间	文书名称	关键词命中情况
1	黑龙江省鸡西市城子河区人民法院	2019.12.9	张某交通肇事一审刑事判决书	公诉机关指控：被害人母亲在诉讼时效内多次要求公安机关对此立案侦查并追究肇事者的刑事责任，公安机关因破案率问题，对此案未予立案侦查，在张某投案后立案侦查
2	黑龙江省哈尔滨市太平区人民法院	2004.3.17	王某光刑讯逼供罪、玩忽职守罪一案刑事一审判决书	被告人王某光在主持刑侦大队工作期间，2000年8月3日晚，呼兰县（今呼兰区）利民镇发生一起抢劫出租车案件，次日车主王某利到利民分局报案，七中队进行了调查，向王某光汇报请示立案侦查并填写了《刑事案件立案侦查报告表》，王某光明知此案应当立案，而以占破案指标、影响破案率为由没有在信息报告表上签字同意立案，以至于刑侦部门没有将该车被抢信息传到网上

续上表

序号	审理法院	审判时间	文书名称	关键词命中情况
3	江苏省南京市浦口区人民法院	2013.8.19	余某、黄某中徇私枉法罪案	被告人黄某中的供述，证明被告人余某曾和自己联系用戒毒所学员做他们辖区内未破获案件的顶包，派出所通过这样的方式来提高自己的破案率，而戒毒学员通过顶替较轻的刑事案件来逃避两年的戒毒期限
4	贵州省毕节市（地区）中级人民法院	2015.12.21	石某德徇私枉法二审刑事裁定书	2015年2月，石某德以林业系统开展的"六个严禁"专项行动要求百分之百破案率为由，在李某军未到案的情况下，提议将包括李某军非法采伐、毁坏国家重点保护植物案在内的五个案件做撤销案件处理，金某和高某均同意

附表6　徇私舞弊减刑、假释、暂予监外执行罪的相关案例（以广东省为例）

序号	案号	审理法院	文书名称	审判时间	具体案情
1	（2021）粤0604刑初734号	佛山市禅城区人民法院	刘某寻徇私舞弊减刑、假释、暂予监外执行罪一案刑事一审判决书	2021.6.17	人民法院未予公开
2	（2021）粤0604刑初735号	佛山市禅城区人民法院	何某徇私舞弊减刑、假释、暂予监外执行罪一案刑事一审判决书	2021.6.17	人民法院未予公开
3	（2015）穗云法刑初字第3100号	广州市白云区人民法院	黄某声受贿、徇私舞弊减刑、假释、暂予监外执行一审刑事判决书	2019.9.10	被告人黄某声接受同案人李某3（另案处理）的请托，在明知于该所关押的罪犯练某入所体检检查没有严重肝病病史的情况下，仍旧利用职务便利伪造体检证明……练某得以被暂予监外执行长达九个月有余

附表 7　侵害在押人员合法权益的相关案例

案号	审理法院	文书名称	审判时间	具体案情
（2019）粤2071 刑初 3004 号	广东省中山市第一人民法院	宋某邦虐待被监管人罪一案刑事一审判决书	2020.4.24	经审理查明：2016 年 8 月至 9 月，被告人宋某邦任中山市看守所管教三大队民警期间，以违规和管理为由，违法使用械具，先后对羁押在中山市看守所内并受其监管的被害人肖某、高某、韩某进行体罚虐待

附表 8　涉及刑讯逼供罪的相关案例（以广东省为例）

案号	审理法院	文书名称	审判时间	具体案情
（2017）粤 01 刑他 132 号	广东省广州市中级人民法院	曾某林刑讯逼供罪	2017.8.21	人民法院未予公开

附表9 适用"诉前保全+诉前调解"模式的法院代表

法院	措施	实效
浙江省嘉兴市海盐区法院	充分运用"诉前保全+诉前调解"模式,对急需采取保全措施的金融纠纷,以诉前财产保全方式冻结债务人财产的同时,加大诉前调解力度	1—10月,金融纠纷共计收案240件,同比下降12.73%;诉前化解率32.92%,列全市第一①
福建省晋江市法院	为解除当事人选择诉前调解的后顾之忧,防止当事人在调解过程中转移财产、逃避债务,保障调解协议的顺利履行,促使被申请人主动选择诉前调解,该院加大诉前财产保全申请的受理,提高诉前财产保全的办理效率	办结诉前财产保全案件63件次②
湖南省常德市桃源县法院	陬溪法庭切实发挥好诉前财产保全的作用,针对民间借贷纠纷、买卖合同纠纷、劳务合同纠纷、提供劳务者受责任纠纷等案件,在立案时向当事人释明诉前财产保全的好处,同时及时到银行、车管所、国土等部门进行查询,对于被告有财产可供保全的,及时向当事人告知,并立即采取保全措施,之后通过诉前调解的方式积极促成当事人达成调解协议	该庭共办理诉前财产保全案件144件,冻结银行存款100余万元,以保全促调解,增强当事人履行的主动性,使多起案件成功快速调解③

---

① 参见嘉兴市政务数据办《海盐法院协同、创新、高效推进金融纠纷类型化诉源治理》,2021年8月22日。

② 参见林扬阳《晋江法院诉调对接新模式推进矛盾多元化解》,载泉州长安网(http://qz.pafj.net/2018/zfbmfy_0408/3636.html),访问日期:2021年8月22日。

③ 参见郑涛、艾艳萍《桃源法院陬溪法庭:多元解纷模式 助力辖区诉源治理再上新台阶》,载红网邵阳站 https://hn.rednet.cn/content/2021/01/03/8807364.html,访问日期:2021年8月22日。

附表 10　民事枉法裁判罪的相关案例

序号	审理法院	案号	裁判结果	枉法裁判的危害结果
1	湖南省永州市中级人民法院	（2016）湘11刑终16号	上诉人（原审被告人）曾某文犯民事枉法裁判罪，判处有期徒刑三年	造成受害人董某经济损失44万元
2	吉林省通化市中级人民法院	（2018）吉05刑终199号	以民事枉法裁判罪判处被告人张某某有期徒刑三年	因不服一审判决，郭某2支付上诉费49740元，代理费10万元，森林资源评估费7万元。一、二审判决生效后，郭某2400余万元的财产被冻结
3	江苏省镇江市润州区人民法院	（2016）苏1111刑初249号	被告人裔某根犯民事枉法裁判罪，判处有期徒刑一年	黄某1无法处置名下的房产
4	安徽省马鞍山市中级人民法院	（2017）皖05刑终33号	被告人张某知犯民事枉法裁判罪，判处有期徒刑一年零六个月	致使安建四公司对超过160万元的费用及违约金承担连带清偿责任
5	江苏省常州市中级人民法院	（2017）苏04刑终84号	以民事枉法裁判罪判处被告人万某东有期徒刑二年零六个月	致使生昊公司承担担保责任，后经扬州中级人民法院执行局执行生昊公司财产共执行到人民币1019283.72元
6	浙江省杭州市上城区人民法院	（2009）杭上刑初字第357号	被告人阮某明犯民事枉法裁判罪，判处有期徒刑三年	给多个案件的当事人造成总计超过80万元的重大经济损失

附表11 遗漏当事人/第三人的相关案例（以广东省为例）

序号	一审	二审	案号	裁判内容
1	广东省深圳市龙岗区人民法院	广东省深圳市中级人民法院	（2019）粤03民终11628号	本案中，华安保险公司曾以珠海冠宇电池有限公司有可能为涉案火灾事故的直接责任方为由，申请追加珠海冠宇电池有限公司为本案被告，有法律依据，一审法院未予准许违反了法定程序，应发回重审。依照《中华人民共和国民事诉讼法》第一百七十条第一款第（四）项规定，裁定如下：一、撤销深圳市龙岗区人民法院（2017）粤0307民初19572号民事判决；二、本案发回深圳市龙岗区人民法院重审①。
2	广东省深圳市罗湖区人民法院	广东省深圳市中级人民法院	（2019）粤03民终15875号	本案应当追加红岭创投电子商务股份有限公司为案件第三人参与诉讼以查明案件基本事实。一审法院未依法追加第三人，导致基本事实不清，本案依法发回一审法院重审②。
3	广东省深圳市南山区人民法院	广东省深圳市中级人民法院	（2019）粤03民终27131号	上述事实的认定与侯某江具有法律上的利害关系，故本案应当追加侯某江为案件第三人参与诉讼。一审法院未依法追加第三人，程序不当，本案依法发回一审法院重审③。

---

① 华安财产保险股份有限公司深圳分公司诉深圳市新宁现代物流有限公司保险人代位求偿权纠纷案，参见广东省深圳市中级人民法院（2019）粤03民终11628号民事裁定书。

② 曹某诉尹某文民间借贷案，参见广东省深圳市中级人民法院（2019）粤03民终15875号民事裁定书。

③ 深圳市财海资产经营管理有限公司诉深圳市八合里海记餐饮文化有限公司南山科技园分店返还原物纠纷案，参见广东省深圳市中级人民法院（2019）粤03民终27131号民事裁定书。

续上表

序号	一审	二审	案号	裁判内容
4	广东省深圳市宝安区人民法院	广东省深圳市中级人民法院	（2019）粤03民终34405号	原审未追加其他合伙人参加本案诉讼导致本案基本事实无法查清，在上诉人于原审申请追加其他合伙人参加诉讼的情况下，原审拒绝追加导致本案遗漏必须参加诉讼的当事人，亦严重违反法定程序，故本案应发回重审①
5	广东省深圳市宝安区人民法院	广东省深圳市中级人民法院	（2019）粤03民终5216号	金湖县××米业有限公司参与诉讼有利于进一步查明案件事实，原审法院对百旭德公司追加第三人的申请未予处理存在不当。原审判决认定基本事实不清，违反法定程序，依照《中华人民共和国民事诉讼法》第一百七十条第一款第（三）、第（四）项规定，裁定如下：一、撤销深圳市宝安区人民法院（2018）粤0306民初11682号民事判决；二、本案发回深圳市宝安区人民法院重审②
6	广东省深圳市龙岗区人民法院	广东省深圳市中级人民法院	（2017）粤03民终21504号	中国银行股份有限公司深圳福田支行作为涉案车辆的抵押权人，必须参加本案诉讼。原审未准予李某文追加第三人的申请，处理不当，应予纠正。鉴于原审判决遗漏当事人，认定基本事实不清，依据《中华人民共和国民事诉讼法》第一百七十条第一款第（四）项之规定，裁定如下：一、撤销广东省深圳市龙岗区人民法院（2016）粤0307民初12907号民事判决；二、本案发回广东省深圳市龙岗区人民法院重审③

---

① 张某华诉曹某英合伙协议纠纷案，参见广东省深圳市中级人民法院（2019）粤03民终34405号民事判决书。

② 程某翔诉深圳市百旭德商贸有限公司合同纠纷案，参见广东省深圳市中级人民法院（2019）粤03民终5216号民事裁定书。

③ 李某文诉孙某斌合同纠纷案，参见广东省深圳市中级人民法院（2017）粤03民终21504号民事裁定书。

续上表

序号	一审	二审	案号	裁判内容
7	广东省河源市源城区人民法院	广东省河源市中级人民法院	（2018）粤16民再3号	王某文在一审申请追加梁某珍和杨某萍作为第三人参加诉讼，一审未予追加，程序不当。由于本院再审不宜直接追加第三人进行审理，本案应发回一审法院重新审理。重审时如人民法院根据本案事实认定的法律关系与当事人诉请不相一致，应当依法释明永恒公司变更诉讼请求①
8	广东省潮州市饶平县人民法院	广东省潮州市中级人民法院	（2017）粤51民终471号	在一审庭审过程中，李某云向一审法院提交了《申请书》，申请追加饮品公司、吕某文作为本案第三人参与诉讼，在品牌管理公司、廖某泉均无异议的情况下，一审法院未做任何处理，即于2017年9月1日作出裁定，驳回李某云的起诉，属于违反法定程序的情形②
9	广东省深圳市宝安区人民法院	广东省深圳市中级人民法院	（2015）深中法商终字第1695号	由于超远公司与盛东石公司对于上述事实各执一词，且上述事实的认定可能同伍某某有法律上的利害关系，故本案应依法追加伍某某作为第三人参加诉讼，以查明本案争议事实。原审法院未依法追加第三人，程序不当，本院依法发回重审③

---

① 黄某文诉河源市永恒置业发展有限公司合同纠纷案，参见广东省河源市中级人民法院（2018）粤16民再3号民事裁定书。

② 李某云诉厦门快乐番薯品牌管理有限公司生命权、健康权、身体权纠纷案，参见广东省潮州市中级人民法院（2017）粤51民终471号民事裁定书。

③ 深圳市超远电子有限公司诉深圳市盛东石电子有限公司买卖合同纠纷案，参见广东省深圳市中级人民法院（2015）深中法商终字第1695号民事裁定书。

续上表

序号	一审	二审	案号	裁判内容
10	广东省广州市番禺区人民法院	广东省广州市中级人民法院	（2015）穗中法金民终字第292号	在原审诉讼过程中，张某明曾向原审法院提交《追加第三人申请书》，申请追加吴某作为本案第三人参与诉讼，但原审法院未做任何处理，即于2014年12月2日作出（2014）穗番法民一初字第380号民事判决，认定张某明已按合同履行了支付353000元借款的义务，属于违反法定程序的情形。基于此，本院依照《中华人民共和国民事诉讼法》第一百七十条第一款第（四）项及《最高人民法院关于适用〈中华人民共和国民事诉讼法〉的解释》第三百二十七条的规定，裁定如下：一、撤销广州市番禺区人民法院（2014）穗番法民一初字第380号民事判决；二、发回广州市番禺区人民法院重审①
11	广东省惠州市惠城区人民法院	广东省惠州市中级人民法院	（2014）惠中法民一终字第765号	责任是否应按结算书约定的由陈某益承担，需要追加陈某益为本案的第三人才能查清。由于原审未追加第三人，遗漏当事人，影响本案事实的查明，故本案应发回重审。依照《中华人民共和国民事诉讼法》第一百七十条第一款第（四）项的规定，裁定如下：一、撤销惠州市惠城区人民法院（2012）惠城法民一初字第2826号民事判决；二、发回惠州市惠城区人民法院重审②

---

① 张某明诉吴某宏民间借贷纠纷案，参见广东省广州市中级人民法院（2015）穗中法金民终字第293号民事裁定书。
② 茂名市电白建筑工程总公司诉江苏海皇建设置业有限公司建设工程施工合同纠纷案，参见广东省惠州市中级人民法院（2014）惠中法民一终字第765号民事裁定书。

续上表

序号	一审	二审	案号	裁判内容
12	广东省深圳市宝安区人民法院	广东省深圳市中级人民法院	（2014）深中法商终字第776号	由于上述事实的认定，将对李××和××公司产生法律上的利害关系，故本案应追加李××和××公司作为第三人参加诉讼。原审法院未依法追加第三人，程序不当，本院依法发回重审。根据《中华人民共和国民事诉讼法》第一百七十条的规定，裁定如下：一、撤销广东省深圳市宝安区人民法院（2014）深中法商终字第776号民事判决；二、本案发回广东省深圳市宝安区人民法院重审①。

---

① 深圳市尧顺科技有限公司诉深圳市志和兴科技有限公司买卖合同纠纷案，参见广东省深圳市中级人民法院（2014）深中法商终字第776号民事裁定书。

附表 12　违法缺席判决/送达的相关案例（以广东省为例）

序号	一审	二审	案号	裁判内容
1	广东省阳江市江城区人民法院	广东省阳江市中级人民法院	（2017）粤17民终632号	本案中，一审法院在审理案件的过程中，未依法通知原审被告林某晓出庭参加诉讼而缺席判决，违反法定程序，剥夺了当事人的法定诉讼权利，应予纠正。综上所述，原审判决严重违反法定程序，应予纠正。依照《中华人民共和国民事诉讼法》第一百七十条第一款第（四）项规定，裁定如下：一、撤销阳江市江城区人民法院（2016）粤1702民初1165号民事判决；二、本案发回阳江市江城区人民法院重新审理①
2	广东省深圳市龙岗区人民法院	广东省深圳市中级人民法院	（2019）粤03民终13773号	一审法院错误填写五八公司的收件信息，导致其未能收到开庭传票，未能如期参加一审庭审并出庭答辩。因此，一审法院送达程序有误，缺席判决违法，严重违反法定程序，应当依法裁定撤销原判决，发回原审人民法院重审②

---

① 中国华融资产管理股份有限公司广东省分公司诉陈首荣金融借款合同纠纷案，参见广东省阳江市中级人民法院（2017）粤17民终632号民事裁定书。
② 深圳五八商务秘书有限公司诉深圳新之光冷气机电装饰有限公司建设工程施工合同纠纷案，参见广东省深圳市中级人民法院（2019）粤03民终13773号民事裁定书。

续上表

序号	一审	二审	案号	裁判内容
3	广东省东莞市中级人民法院	广东省高级人民法院	（2020）粤民终439号	本案中，一审法院在以EMS司法专递方式向东莞市莞城区邮寄送达起诉状副本等诉讼材料未果后，并未参照《中华人民共和国民事诉讼法》第二百六十七条关于涉外民事诉讼送达程序的特别规定，通过其他方式向冯某娇进行送达，而是直接采用公告送达，严重违反法定程序，并剥夺了冯某娇出庭应诉答辩及辩论的权利。依照《中华人民共和国民事诉讼法》第一百七十条第一款第（四）项之规定，裁定如下：一、撤销广东省东莞市中级人民法院（2019）粤19民初10号民事判决；二、本案发回广东省东莞市中级人民法院重审①
4	广东省广州市番禺区人民法院	广东省广州市中级人民法院	（2020）粤01民终22847号	一审法院对于广东捷平律师事务所的开庭传票送达程序错误，未按照其工商登记地址进行依法送达，导致广东捷平律师事务所未能参加一审开庭，属于严重违反法定程序的情形。依照《中华人民共和国民事诉讼法》第一百七十条第一款第（四）项之规定，裁定如下：一、撤销广东省广州市番禺区人民法院（2019）粤0113民初8202号民事判决；二、本案发回广东省广州市番禺区人民法院重审②

---

① 中国银行股份有限公司东莞分行诉东莞市综艺广场开发有限公司金融借款合同纠纷案，参见广东省高级人民法院（2020）粤民终439号民事裁定书。

② 毛某平、广州笃德法律咨询有限公司法律服务合同纠纷案，参见广东省广州市中级人民法院（2020）粤01民终22847号民事裁定书。

续上表

序号	一审	二审	案号	裁判内容
5	广东省广州市天河区人民法院	广东省广州市中级人民法院	（2020）粤01民终23662号	一审法院在尚未采取其他送达方式的情况下，认定刘某萍下落不明，直接采取公告的方式送达本案起诉状副本、开庭传票等诉讼文书。此后，一审法院以刘某萍经合法传唤无正当理由拒不到庭为由，进行缺席审理并作出一审判决。一审法院送达程序不合法，剥夺了当事人的诉讼权利，属于严重违反法定程序。依照《中华人民共和国民事诉讼法》第一百七十条第一款第（四）项之规定，裁定如下：一、撤销广东省广州市天河区人民法院（2020）粤0106民初12043号民事判决；二、本案发回广东省广州市天河区人民法院重审①
6	广东省佛山市顺德区人民法院	广东省佛山市中级人民法院	（2020）粤06民终9360号	一审法院在此情况下，未采用上门送达等直接送达方式而采用公告送达方式，不符合适用公告送达程序的法定条件。一审法院在未依法向李某军送达传票的情况下，缺席判决，严重违反法定程序。据此，本案应发回重审。综上，依照《中华人民共和国民事诉讼法》第一百七十条第一款第（四）项规定，裁定如下：一、撤销广东省佛山市顺德区人民法院（2019）粤0606民初19090号民事判决；二、本案发回广东省佛山市顺德区人民法院重审②

---

① 平安银行股份有限公司广州分行诉刘某萍金融借款合同纠纷案，参见广东省广州市中级人民法院（2020）粤01民终23662号民事裁定书。
② 何某贤、伍某芳、谭某玉诉李某军房屋租赁合同纠纷案，参见广东省佛山市中级人民法院（2020）粤06民终9360号民事裁定书。

续上表

序号	一审	二审	案号	裁判内容
7	广东省广州市黄埔区人民法院	广东省广州市中级人民法院	（2020）粤01民终15445号	一审法院在上述邮件退回的情况下，未根据《保证合同》约定的联系方式向王某生、郭某琴送达本案起诉状副本、传票等诉讼文书。在尚未排除其他方式均无法送达的情况下，一审法院认定王某生、郭某琴下落不明，直接采取公告的方式送达本案起诉状副本、传票等诉讼文书。此后，一审法院以王某生、郭某琴经合法传唤无正当理由拒不到庭为由，进行缺席审理并作出一审判决。一审法院送达程序不合法，剥夺了当事人的诉讼权利，属于严重违反法定程序。依照《中华人民共和国民事诉讼法》第一百七十条第一款第（四）项之规定，裁定如下：一、撤销广东省广州市黄埔区人民法院（2019）粤0112民初7125号民事判决；二、本案发回广东省广州市黄埔区人民法院重审①

---

① 交通银行股份有限公司广州黄埔支行诉邯郸市祺顺汽车贸易有限公司金融借款合同纠纷案，参见广东省广州市中级人民法院（2020）粤01民终15445号民事裁定书。

续上表

序号	一审	二审	案号	裁判内容
8	广东省化州市人民法院	广东省茂名市中级人民法院	（2021）粤09民再3号	本院再审认为：其一，原审法院依据被申请人吴某基提供的地址信息通过EMS向陈某充寄送诉讼材料，但投递人员未严格履行工作规程，以"收件人一直不接机"为由退件；原审法院未进行查证复核即行公告送达，违反送达程序，导致陈某充未能收悉诉讼材料而丧失参加诉讼的权利。其二，被申请人吴某基诉称涉案借款是陈某充直接向其所借，相关事实存在诸多疑点，所持证据未能形成充分扎实的证据链条予以佐证。其三，原审法院遗漏追加第三人李某宏到庭，未能查明真实的债权人及借款事实。据此，原审判决送达违法，遗漏应当追加的当事人，基本事实不清，适用法律不当。依照《中华人民共和国民事诉讼法》第二百零七条以及第一百七十条第一款第（三）、（四）项之规定，裁定如下：一、撤销广东省化州市人民法院（2019）粤0982民初12号民事判决；二、本案发回广东省化州市人民法院重审①
9	广东省清远市清城区人民法院	广东省清远市中级人民法院	（2019）粤18民终414号	本案中，林某权在一审立案后开庭前死亡，但一审法院未能核实相关情况，径行缺席判决，属于严重违反法定程序。依照《中华人民共和国民事诉讼法》第一百七十条第一款第（四）项的规定，本院裁定如下：一、撤销清远市清城区人民法院（2018）粤1802民初5447号民事判决；二、本案发回清远市清城区人民法院重审②

① 陈某充诉吴某基民间借贷纠纷案，参见广东省茂名市中级人民法院（2021）粤09民再3号民事裁定书。

② 李某兴诉林某权民间借贷纠纷案，参见广东省清远市中级人民法院（2019）粤18民终414号民事裁定书。

附表13 回避/审判组织的组成违反法律的相关案例（以广东省为例）

序号	一审	二审	案号	裁判内容
1	广东省广州海事法院	广东省高级人民法院	（2015）粤高法民四终字第206号	本案一审审理过程中，一审法院在做出变更合议庭组成人员的决定后，相关通知书仅送达其中两方当事人正力工程公司和全顺兴海运公司，未同时送达给另一方当事人东方先导公司，有违法律关于对双方诉讼权利予以平等保护的要求，亦与法律的明确规定不符。一审法院在未告知的情况下即由变更后的合议庭作出判决，致使东方先导公司申请回避的权利于客观上已无法行使，据此可认定，一审合议庭的组成程序于法不符。根据《中华人民共和国民事诉讼法》第一百七十条第一款第（四）项、《最高人民法院关于适用〈中华人民共和国民事诉讼法〉的解释》第三百二十五条第（一）项等的规定，审判组织的组成不合法属于严重违反法定程序的情形，应撤销原判，发回重审。综上，依照《中华人民共和国民事诉讼法》第一百七十条第一款第（四）项、《最高人民法院关于适用〈中华人民共和国民事诉讼法〉的解释》第三百二十五条第（一）项的规定，裁定如下：一、撤销广州海事法院（2013）广海法初字第685号民事判决；二、本案发回广州海事法院重审。①

---

① 东方先导糖酒有限公司诉正力海洋工程有限公司非法留置船载货物损害责任纠纷案，参见广东省高级人民法院（2015）粤高法民四终字第206号民事裁定书。

续上表

序号	一审	二审	案号	裁判内容
2	广东省广州市增城区人民法院	广东省广州市中级人民法院	(2020)粤01民终23184号	本院认为,本案一审适用普通程序并组成合议庭进行审理,但在开庭审理过程中仅有审判长主持庭审,合议庭的其他成员均未参与庭审。一审程序审判组织的组成不合法,属于严重违反法定程序。依照《中华人民共和国民事诉讼法》第一百七十条第一款第(四)项、《最高人民法院关于适用〈中华人民共和国民事诉讼法〉的解释》第三百二十五条的规定,裁定如下:一、撤销广州市增城区人民法院(2019)粤0118民初6030号民事判决;二、本案发回广州市增城区人民法院重审①
3	广东省博罗县人民法院	广东省惠州市中级人民法院	(2020)粤13民终7643号	经审查,本院认为,一审法院作出的(2020)粤1322民初2851号民事裁定书及其补正裁定书中合议庭成员署名与告知合议庭成员通知书中决定的合议庭成员不一致,且在变更合议庭成员时未告知当事人,审判组织的组成不合法,严重违反法定程序。依照《中华人民共和国民事诉讼法》第一百七十条第一款第(四)项、《最高人民法院关于适用〈中华人民共和国民事诉讼法〉的解释》(法释〔2015〕5号)第三百二十五条第(一)项的规定,裁定如下:一、撤销广东省博罗县人民法院(2020)粤1322民初2851民事裁定书及其补正裁定书;二、本案发回广东省博罗县人民法院重审②

① 周某平诉吴某光民间借贷纠纷案,参见广东省广州市中级人民法院(2020)粤01民终23184号民事裁定书。
② 中国建设银行股份有限公司惠州市分行诉邱某健、符某品、邱某武等案外人执行异议之诉案,参见广东省惠州市中级人民法院(2020)粤13民终7643号民事裁定书。

续上表

序号	一审	二审	案号	裁判内容
4	广东省佛山市高明区人民法院	广东省佛山市中级人民法院	（2020）粤06民终1680号	本案中，罗某文上诉提出一审合议庭成员之一的夏某佳与邓某冲是初中同班同学，其就此提交了相关证据，邓某冲对其与夏某佳的上述关系予以确认，并陈述在其与夏某佳的一次相遇中，夏某佳提及其曾问罗某文为何没有还款给邓某冲。鉴于夏某佳没有回避本案的审理，违反法定程序，故应当发回重审。本案是因罗某文在二审中提交的证据以及邓某冲在二审中的陈述而发回重审。依照《中华人民共和国民事诉讼法》第一百七十条第一款第（四）项的规定，裁定如下：一、撤销广东省佛山市高明区人民法院（2018）粤0608民初2420号民事判决；二、本案发回广东省佛山市高明区人民法院重审①
5	广东省化州市人民法院	广东省茂名市中级人民法院	（2019）粤09民终1708号	人民陪审员陈某并没有参加一审开庭审理，却作为合议庭成员参加合议庭评议，在判决书上署名。所以，一审法院作出（2017）粤0982民初1835号民事判决的审判组织的组成不合法，严重违反法定程序。综上所述，一审法院作出（2017）粤0982民初1835号民事判决的审判组织的组成不合法，严重违反法定程序，应予撤销，发回一审法院重审。依照《中华人民共和国民事诉讼法》第一百七十条第一款第（四）项、《最高人民法院关于适用〈中华人民共和国民事诉讼法〉的解释》第三百二十五条第（一）项的规定，裁定如下：一、撤销广东省化州市人民法院（2017）粤0982民初1835号民事判决；二、本案发回广东省化州市人民法院重审②

① 罗某文诉邓某冲民间借贷纠纷案，参见广东省佛山市中级人民法院（2020）粤06民终1680号民事裁定书。

② 中国工商银行股份有限公司化州支行、中国华融资产管理股份有限公司广东省分公司诉李帝庚、广东省化州市石龙塑木制品厂借款合同纠纷案，参见广东省茂名市中级人民法院（2019）粤09民终1708号民事裁定书。

续上表

序号	一审	二审	案号	裁判内容
6	广东省深圳市龙岗区人民法院	广东省深圳市中级人民法院	（2019）粤03民终14424号	本院认为，合议庭成员参与开庭审理是保障当事人诉讼权利的重要程序要求，本案合议庭成员因监狱管理原因未参加开庭审理，严重违反法定程序，本案应发回重审。综上，依照《中华人民共和国民事诉讼法》第一百七十条第一款第（四）项、《最高人民法院关于适用〈中华人民共和国民事诉讼法〉的解释》第三百二十五条的规定，裁定如下：一、撤销深圳市龙岗区人民法院（2017）粤0307民初6702号民事判决；二、本案发回深圳市龙岗区人民法院重审①

---

① 林某燕诉陈某房屋买卖合同纠纷案，参见广东省深圳市中级人民法院（2019）粤03民终14424号民事裁定书。

附表 14 遗漏诉讼请求的相关案例

序号	一审	二审	案号	裁判内容
1	广东省广州市增城区人民法院	广东省高级人民法院	（2015）粤高法民一提字第 3 号	综上，本案一、二审程序错列当事人诉讼地位，对当事人新增的诉讼请求应予受理而未受理，本院根据《中华人民共和国民事诉讼法》第一百七十条第（四）项、《最高人民法院关于民事审判监督程序严格依法适用指令再审和发回重审若干问题的规定》第五条第（一）、（五）项的规定，裁定如下：一、撤销广东省广州市中级人民法院（2012）穗中法民五终字第 3407 号民事判决及广东省增城市人民法院（2011）增法民五初字第 114 号民事判决；二、本案发回广东省广州市增城市人民法院重审①
2	广东省东莞市第二人民法院	广东省东莞市中级人民法院	（2019）粤 19 民再 7 号	一审法院仅针对王某岭起诉莫某龙的诉讼请求作出了审理，而未处理王某岭针对盛源公司的诉讼请求。但是，一审法院认为王某岭不得同时向生产者和销售者主张权利，缺乏法律依据，其未处理王某岭针对盛源公司的诉讼请求构成遗漏诉讼请求，属于严重违反法定程序。同时，一审法院在未对王某岭关于盛源公司的诉讼请求作出实体审理的前提下，径行判决驳回王某岭对盛源公司的全部诉讼请求，亦属处理不当。本院二审判决维持一审判决结果有误，应予一并纠正。综上所述，原判决严重违反法定程序。本案经本院审判委员会讨论决定，依照《中华人民共和国民事诉讼法》第二百零七条、第一百七十

① 陈某锘、增城市东建实业有限公司等与广州银行股份有限公司黄石路支行、马某建案外人执行异议之诉案，参见广东省高级人民法院（2015）粤高法民一提字第 3 号民事裁定书。

续上表

序号	一审	二审	案号	裁判内容
2	广东省东莞市第二人民法院	广东省东莞市中级人民法院	（2019）粤19民再7号	条第一款第（四）项及《最高人民法院关于民事审判监督程序严格依法适用指令再审和发回重审若干问题的规定》第五条第（五）项的规定，裁定如下：一、撤销本院（2018）粤19民终3084号民事判决及广东省东莞市第二人民法院（2015）东二法民初字第803号民事判决；二、本案发回广东省东莞市第二人民法院重审①
3	广东省揭阳市榕城区人民法院	广东省揭阳市中级人民法院	（2018）粤52民再2号	由此可见，一审法院的判决中只涉及处理涉案宅基地使用权归属，对其地上建筑物并没有判决，也没有驳回其他诉讼请求的判项，而再审申请人陈某群起诉时要求对涉案宅基地的地上建筑物进行处理。故一审法院的判决属于遗漏诉讼请求。经本院审委会讨论决定，依照《中华人民共和国民事诉讼法》第二百零七条、第一百七十条第一款第（四）项、最高人民法院《关于民事审判监督程序严格依法适用指令再审和发回重审若干问题的规定》法释〔2015〕7号第五条规定，裁定如下：一、撤销榕城区人民法院（2017）粤5202民初78号民事判决；二、本案发回榕城区人民法院重审②

---

① 王某岭诉莫某龙产品责任纠纷案，参见广东省东莞市中级人民法院（2019）粤19民再7号民事裁定书。

② 陈某群诉陈某丰宅基地使用权纠纷案，参见广东省揭阳市中级人民法院（2018）粤52民再2号民事裁定书。

续上表

序号	一审	二审	案号	裁判内容
4	广东省惠州市惠城区人民法院	广东省惠州市中级人民法院	（2018）粤13民再16号	原审法院未审理粤运公司关于医疗费的诉讼请求，属遗漏诉讼请求。依照《中华人民共和国民事诉讼法》第一百七十条第一款第（四）项、第二百零七条以及《最高人民法院关于指令民事审判监督程序严格依法适用指令再审和发回重审若干问题的规定》第五条第（五）项规定，裁定如下：一、撤销惠州市惠城区人民法院（2016）粤1302民初5880号民事判决；二、本案发回惠州市惠城区人民法院重审①
5	广东省茂名市茂南区人民法院	广东省茂名市中级人民法院	（2019）粤09民终1829号	一审法院对钟某容提出反诉，没有受理，也没有裁定不予受理，属于违法剥夺当事人辩论权利。 综上所述，一审判决违法剥夺当事人辩论权利，严重违反法定程序，应予撤销，发回一审法院重审。依照《中华人民共和国民事诉讼法》第一百七十条第一款第（四）项、《最高人民法院关于适用〈中华人民共和国民事诉讼法〉的解释》第二百三十三条第三款、第三百二十五条第（四）项规定，裁定如下：一、撤销广东省茂名市茂南区人民法院（2019）粤0902民初2715号民事判决；二、本案发回广东省茂名市茂南区人民法院重审②

---

① 河源市粤运汽车运输有限公司诉河源客运分公司机动车交通事故责任纠纷案，参见广东省惠州市中级人民法院（2018）粤13民再16号民事裁定书。

② 中国人寿财产保险股份有限公司茂名中心支公司诉钟某容保险人代位求偿权纠纷案，参见广东省茂名市中级人民法院（2019）粤09民终1829号民事裁定书。

续上表

序号	一审	二审	案号	裁判内容
6	广东省佛冈县人民法院	广东省清远市中级人民法院	（2017）粤18民终2078号	本院认为，原审法院在审理过程中于2015年12月3日裁定中止诉讼，在中止诉讼的原因消除、恢复诉讼程序时，并未通知或者准许当事人双方继续进行诉讼，期后径行作出（2015）清佛法民二初字第832号民事判决，但署名审判员及书记员均发生变更，相关变更情况并未及时告知双方当事人。依照最高人民法院《关于适用〈中华人民共和国民事诉讼法〉的解释》第四十七条、第二百四十六条规定，原审法院剥夺了当事人的法定知情权、申请回避权以及其他诉讼权利，属严重违反法定程序。依照《中华人民共和国民事诉讼法》第一百七十条第一款第（四）项规定，裁定如下：一、撤销广东省佛冈县人民法院（2015）清佛法民二初字第832号民事判决；二、本案发回广东省佛冈县人民法院重审①

---

① 龚某1诉龚某中生命权、健康权、身体权纠纷案，参见广东省清远市中级人民法院（2017）粤18民终2078号民事裁定书。

附表 15　司法实践中违反法定程序其他情形的相关案例

裁判结果	一审	二审	案号	裁判内容
剥夺上诉讼权	广东省东莞市第一人民法院	广东省东莞市中级人民法院	（2020）粤 19 民终 9252 号之一	一审法院在（2020）粤 1971 民初 15700 号民事裁定未生效的情况下，同时作出（2020）粤 1971 民初 15700 号民事判决，剥夺了当事人对裁定的上诉权，严重违反法定程序。依照《中华人民共和国民事诉讼法》第一百七十条第一款第（四）项、《最高人民法院关于适用〈中华人民共和国民事诉讼法〉的解释》第三百二十五条第（四）项的规定，裁定如下：一、撤销广东省东莞市第一人民法院（2020）粤 1971 民初 15700 号民事判决；二、本案发回广东省东莞市第一人民法院重审①
无诉讼行为能力人未经法定代理人代为诉讼	广东省东莞市第一人民法院	广东省东莞市中级人民法院	（2018）粤 19 民终 3663 号	根据《最高人民法院关于民事审判监督程序严格依法适用指令再审和发回重审若干问题的规定》第五条第（二）项的规定："人民法院按照第二审程序审理再审案件，发现第一审人民法院有下列严重违反法定程序情形之一的，可以依照民事诉讼法第一百七十条第一款第（四）项的规定，裁定撤销原判决，发回第一审人民法院重审：（二）无诉讼行为能力人未经法定代理人代为诉讼，或者应当参加诉讼的当事人，因不能归责于本人或者其诉讼代理人的事由，未参加诉讼的。"范某辉在原审期间不具备担任润洋公司诉讼代理人的资格，润洋公司非因自身的原因而未参与原审诉讼，本案应发回原审法院重审。综上所述，润洋公司非因自身的原因而未参

　　① 秦某诉东莞市社会保险基金管理中心等机动车交通事故责任纠纷案，参见广东省东莞市中级人民法院（2020）粤 19 民终 9252 号之一民事裁定书。

续上表

裁判结果	一审	二审	案号	裁判内容
无诉讼行为能力人未经法定代理人代为诉讼	广东省东莞市第一人民法院	广东省东莞市中级人民法院	（2018）粤19民终3663号	与原审诉讼，依照《中华人民共和国民事诉讼法》第二百零七条第一款、《最高人民法院关于民事审判监督程序严格依法适用指令再审和发回重审若干问题的规定》第五条第（二）项的规定，裁定如下：一、撤销广东省东莞市第一人民法院（2017）粤1971民初6645号民事调解书；二、本案发回广东省东莞市第一人民法院重审①
随意变更诉的种类	广东省深圳市龙岗区人民法院	广东省深圳市中级人民法院	（2019）粤03民终3019号	廖某宏起诉是以其与吕某海之间存在民间借贷关系作为依据，属于违约之诉，原审在查明廖某宏与吕某海之间不存在民间借贷关系的情况下，未向各方当事人进行释明，直接改变为无因管理之诉予以处理，影响了吕某海相应辩论权利的行使，违反审理程序，本院依法予以发回重审。根据最高人民法院《关于适用〈中华人民共和国民事诉讼法〉的解释》第三百二十五条以及《中华人民共和国民事诉讼法》第一百七十条第一款第（四）项、第一百五十四条第一款第（十一）项的规定，裁定如下：一、撤销广东省深圳市龙岗区人民法院（2018）粤0307民初6668号民事判决；二、本案发回深圳市龙岗区人民法院重审②

---

① 东莞市顺天贸易有限公司诉广州润洋强力混凝土有限公司买卖合同纠纷案，参见广东省东莞市中级人民法院（2018）粤19民终3663号民事裁定书。

② 廖某宏诉吕某海民间借贷纠纷案，参见广东省深圳市中级人民法院（2019）粤03民终3019号民事裁定书。

续上表

裁判结果	一审	二审	案号	裁判内容
对鉴定申请不予回应/不予准许	广东省廉江市人民法院	广东省湛江市中级人民法院	（2019）粤08民终1726号	一审法院不对中国人民财产保险股份有限公司湛江公司的司法鉴定申请进行审查，也没有予以任何回应，明显剥夺当事人的辩论权利。依照最高人民法院《关于适用〈中华人民共和国民事诉讼法〉的解释》第三百二十五条关于"下列情形，可以认定为民事诉讼法第一百七十条第一款第四项规定的严重违反法定程序：……（四）违法剥夺当事人辩论权利的"的规定，原审法院严重违反法定程序。依照《中华人民共和国民事诉讼法》第一百七十条第一款第（四）项之规定，裁定如下：一、撤销广东省廉江市人民法院（2018）粤0881民初2188号民事判决；二、本案发回广东省廉江市人民法院重审①
	广东省雷州市人民法院	广东省湛江市中级人民法院	（2019）粤08民终1529号	一审法院不对中国人寿财产保险股份有限公司雷州支公司机动车司机的住院天数、医疗费合理性鉴定申请进行审查，明显剥夺当事人的辩论权利。依照最高人民法院《关于适用〈中华人民共和国民事诉讼法〉的解释》第三百二十五条关于"下列情形，可以认定为民事诉讼法第一百七十条第一款第四项规定的严重违反法定程序：……（四）违法剥夺当事人辩论权利的"的规定，原审法院严重违反法定程序。依照《中华人民共和国民事诉讼法》第一百七十条第一款第（四）项之规定，裁定如下：一、撤销广东省雷州市人民法院（2018）粤0882民初1932号民事判决；二、本案发回广东省雷州市人民法院重审②

① 李某1诉中国人民财产保险股份有限公司湛江市分公司机动车交通事故责任纠纷案，参见广东省湛江市中级人民法院（2019）粤08民终1726号民事裁定书。

② 唐某成诉中国人寿财产保险股份有限公司湛江市雷州支公司机动车交通事故责任纠纷案，参见广东省湛江市中级人民法院（2019）粤08民终1529号民事裁定书。

续上表

裁判结果	一审	二审	案号	裁判内容
对鉴定申请不予回应/不予准许	湛江市麻章区人民法院	广东省湛江市中级人民法院	（2018）粤08民终676号	原审法院不予准许简易的鉴定申请，明显剥夺当事人的辩论权利。依照最高人民法院《关于适用〈中华人民共和国民事诉讼法〉的解释》第三百二十五条关于"下列情形，可以认定为民事诉讼法第一百七十条第一款第四项规定的严重违反法定程序：……（四）违法剥夺当事人辩论权利的"的规定，原审法院严重违反法定程序。依照《中华人民共和国民事诉讼法》第一百七十条第一款第（四）项之规定，裁定如下：一、撤销湛江市麻章区人民法院（2017）粤0811民初335号民事判决；二、本案发回湛江市麻章区人民法院重审①
未组织法庭辩论	广东省深圳市龙岗区人民法院	广东省深圳市中级人民法院	（2019）粤03民终6207号	本院认为，一审法院在审理本案过程中，未组织各方当事人进行法庭辩论，剥夺了当事人的辩论权利，依据《最高人民法院关于适用〈中华人民共和国民事诉讼法〉的解释》第三百二十五条第四款的规定，属于民事诉讼法第一百七十条第一款第（四）项所规定的严重违反法定程序的，应当发回重审的情形。依照《中华人民共和国民事诉讼法》第一百七十条第一款第（四）项的规定，裁定如下：一、撤销广东省深圳市龙岗区人民法院（2016）粤0307民初8461号民事判决；二、本案发回广东省深圳市龙岗区人民法院重审②

① 吴川市农村信用合作联社诉简易案外人执行异议案，参见广东省湛江市中级人民法院（2018）粤08民终676号民事裁定书。

② 深圳市红岩电控设备有限公司诉广州市东能电力安装工程有限公司、深圳市珠江广场投资有限公司建设工程施工合同纠纷案，参见广东省深圳市中级人民法院（2019）粤03民终6207号民事裁定书。

续上表

裁判结果	一审	二审	案号	裁判内容
未组织法庭辩论	广东省佛山市三水区人民法院	广东省佛山市中级人民法院	（2018）粤06民终5421号	本案中，由于一审法院未组织双方当事人进行法庭辩论，属于《中华人民共和国民事诉讼法》第一百七十条第一款第（四）项规定的"违法剥夺当事人辩论权利"的情形，根据《中华人民共和国民事诉讼法》第一百七十条第一款第（四）项的规定，本案应发回重审。依照《中华人民共和国民事诉讼法》第一百七十条第一款第（四）项规定，裁定如下：一、撤销广东省佛山市三水区人民法院（2015）佛三法民一初字第39号民事判决；二、本案发回广东省佛山市三水区人民法院重审①
	广东省深圳市罗湖区人民法院	广东省深圳市中级人民法院	（2020）粤03民终10063号	本院认为，经查阅一审案卷，一审法院分别于2019年10月30日、11月11日、11月13日三次开庭审理本案，但三次开庭审理仅有法庭调查阶段，均无辩论阶段，未依法保障当事人的辩论权利，依照《最高人民法院关于适用〈中华人民共和国民事诉讼法〉的解释》第三百二十五条第（四）项的规定，属于严重违反法定程序的情形，依法应发回重审。同时鉴于谢某发、东莞市上善居实业投资有限公司均提出案外人余某军、欧某、深圳红市专业市场研究院有限公司与本案具有利害关系，一审法院重审时可追加为本案第三人，对各方之间的事实一并予以查清。综上，依照《中华人民共和国民事诉讼法》第一百七十条第一款第（四）项的规定，裁定如下：一、撤销广东省深圳市罗湖区人民法院（2019）粤0303民初18463号民事判决；二、本案发回深圳市罗湖区人民法院重审②

① 黄某光诉白巨华建设工程合同纠纷案，参见广东省佛山市中级人民法院（2018）粤06民终5421号民事裁定书。

② 谢某发诉东莞市上善居实业投资有限公司委托合同纠纷案，参见广东省深圳市中级人民法院（2020）粤03民终10063号民事裁定书。

续上表

裁判结果	一审	二审	案号	裁判内容
未释明变更诉讼请求	广东省河源市源城区人民法院	广东省河源市中级人民法院	（2018）粤16民再3号	重审时如人民法院根据本案事实认定的法律关系与当事人诉请不相一致，应当依法释明永恒公司变更诉讼请求。综上所述，案经本院审判委员会讨论决定，依照《中华人民共和国民事诉讼法》第一百七十条第（四）项、第二百零七条以及《最高人民法院关于民事审判监督程序严格依法适用指令再审和发回重审若干问题的规定》第五条的规定，裁定如下：一、撤销本院（2017）粤16民终450号民事判决及河源市源城区人民法院（2016）粤1602民初2070号民事判决；二、本案发回河源市源城区人民法院重审①
错误分配举证责任	广东省雷州市人民法院	广东省湛江市中级人民法院	（2017）粤08民终1458号	原审法院以平安保险湛江公司不申请对吴某仔的笔迹进行鉴定，其主张的特别约定对吴某仔没有约束力为由，明显错误分配举证责任，从而限制了当事人的相应诉权及对此充分发表辩论意见的权利，严重违反法定程序。依照《中华人民共和国民事诉讼法》第一百七十条第一款第（四）项之规定，裁定如下：一、撤销广东省雷州市人民法院（2017）粤0882民初955号民事判决；二、本案发回广东省雷州市人民法院重审②

---

① 河源市永恒置业发展有限公司诉黄某文合同纠纷案，参见广东省河源市中级人民法院（2018）粤16民再3号民事裁定书。

② 陈某文诉中国平安财产保险股份有限公司湛江中心支公司机动车交通事故责任纠纷案，参见广东省湛江市中级人民法院（2017）粤08民终1458号民事裁定书。

续上表

裁判结果	一审	二审	案号	裁判内容
未重新指定举证期限	广东省遂溪县人民法院	广东省湛江市中级人民法院	（2017）粤08民终457号	本院认为：李某进等四人申请变更诉讼请求，一审法院未重新指定举证期限，剥夺了其他当事人的辩论权利，违反了最高人民法院《关于民事诉讼证据的若干规定》第三十五条第二款关于"当事人变更诉讼请求的，人民法院应当重新指定举证期限"的规定，违反法定程序。依照《中华人民共和国民事诉讼法》第一百七十条第一款第（四）项、最高人民法院《关于适用〈中华人民共和国民事诉讼法〉的解释》第三百二十五条第一款第（四）项之规定，裁定如下：一、撤销广东省遂溪县人民法院（2016）粤0823民初786号民事判决；二、本案发回广东省遂溪县人民法院重审①。

---

① 黄某忠诉詹某东机动车交通事故责任纠纷案，参见广东省湛江市中级人民法院（2017）粤08民终457号民事裁定书。

附表16 恶意争夺管辖权的相关案例

序号	法院	案号	裁判内容
1	辽宁省铁岭市中级人民法院	（2019）辽12民再77号	本院再审认为：（一）本案管辖权异议纠纷已经本院终审裁定确认，不能再对管辖权问题进行审理。（二）吕梁市中级人民法院受理的技术合同纠纷案件与铁岭市银州区法院受理的劳动合同纠纷案件系同一当事人，同一法律事实，辽宁、山西两地法院不能抢先判决，各行其是，而应当相互兼顾，协商解决。就本案而言，吕梁市中级人民法院立案在先，且相对于铁岭市银州区法院审级较高，如对一、二审判决不服，可以向山西省高级法院上诉，或者向最高法院申请再审，司法救济更有利于当事人。因此，本案应当发回重审，并中止审理，等待吕梁市中级人民法院作出裁判结果后再依法作出裁判。 社会主义市场经济要求统一开放、公平竞争，反对地方保护和不正当竞争，褒扬诚信，惩戒失信。本院有理由相信山西法院能够公正司法，保护合法诚信，反对地方保护，维护社会主义市场经济的健康发展，守护好社会公平正义最后一道防线①

---

① 山西微风思普瑞无人系统有限公司、陈某劳动合同纠纷案，参见辽宁省铁岭市中级人民法院（2019）辽12民再77号民事裁定书。

附表 17　涉及委托送达难的相关案例

序号	审理法院	案号	裁判内容
1	广东省深圳市中级人民法院	（2020）粤 03 民终 16237 号	此后一审法院于 2019 年 9 月 25 日通过湖南省耒阳市人民法院进行委托送达，无结果反馈①
2	广东省深圳市南山区人民法院	（2014）穗番法石民初字第 204 号	为此，本院工作人员特委托被告户籍所在地广东省化州市人民法院送达本案的司法文书，但广东省化州市人民法院签收本院委托送达的司法文书后，至今未有任何回复给本院②
3	广东省深圳市中级人民法院	（2020）粤 03 民再 80 号	关于委托送达的问题：首先，南京市六合区人民法院立案庭的复函并不规范，如不能送达，应当以法院名义出具加盖公章的情况说明。其次，南京货运公司一直持续营运状态，且根据中国裁判文书网公布的、同时期的（2016）苏 0803 民初 4269 号民事判决和（2015）淮法民初字第 03448 号民事判决中，都可查得南京货运公司的实际地址信息，只需与相关法院核实，就能与南京货运公司取得联系，亦可根据实际地址信息委托送达。《中华人民共和国民事诉讼法》第九十二条规定，"受送达人下落不明，或者用本节规定的其他方式无法送达的，公告送达。自发出公告之日起，经过六十日，即视为送达。公告送达，应当在案卷中记明原因和经过"。公告送达有着严格的适用条件，只有穷尽其他一切送达方式后才能适用。南京货运公司工商注册地址与实际经营地址不一致固然存在一

---

① 梁某元、深圳市聚镭科技有限公司加工合同纠纷案，参见广东省深圳市中级人民法院（2020）粤 03 民终 16237 号民事判决书。
② 彭某秋与梁某儒民间借贷纠纷案，参见广东省广州市番禺区人民法院（2014）穗番法石民初字第 204 号民事判决书。

续上表

序号	审理法院	案号	裁判内容
3	广东省深圳市中级人民法院	（2020）粤03民再80号	定过错，但南山区人民法院在对同一地址邮寄开庭传票、委托送达未果的情况下就采用了公告方式送达明显不当①
4	广东省江门市中级人民法院	（2018）粤07民终3675号	一审法院委托送达程序存在瑕疵，损害了王某安依法应当享有的程序利益，属于严重违反法定程序的情形。本案一审时人民法院未依法向王某安及王某直接送达诉讼相关资料，而是采取委托送达的形式，但受委托送达的湖北省襄阳市襄城区人民法院未将诉讼文书等资料直接送达给王某安及王某，仅通过打电话给王某安一人的方式进行告知，即视为送达，此种方式明显不符合法定程序②

---

① 江苏金陵交运集团南京货运有限公司、中国人寿财产保险股份有限公司深圳市分公司保险人代位求偿权纠纷案，参见广东省深圳市中级人民法院（2020）粤03民再80号民事判决书。

② 王某安、江门市绿色巨农饲料有限公司买卖合同纠纷案，参见广东省江门市中级人民法院（2018）粤07民终3675号民事判决书。

附表18 广东省行政公益诉讼的案例分布

序号	审理法院	案号	文书名称	裁判日期	案件类型
1	广东省汕头市濠江区人民法院	(2017)粤0512行初2号	汕头市澄海区人民检察院诉汕头市澄海区水务局、第三人汕头市澄海区溪南大兴采石场行政公益诉讼一审行政判决书	2018.6.6	生态环境和资源保护
2	广东省深圳市盐田区人民法院	(2016)粤0308行初2376号	公益诉讼深圳市龙岗区人民检察院深圳市龙岗区城市管理行政执法局不履行法定职责一审行政判决书	2017.12.12	生态环境和资源保护
3	广东省清远市清新区人民法院	(2016)粤1803行初178号	连南瑶族自治县人民检察院诉连南瑶族自治县国土资源和环境保护局行政公益诉讼一审行政判决书	2017.6.20	生态环境和资源保护
4	广东省清远市清新区人民法院	(2016)粤1803行初113号	广东省清远市清新区人民检察院诉清新区浸潭镇人民政府公益诉讼案——最高人民检察院2017年公布检察机关提起公益诉讼试点工作典型案例之案例十一	2017.3.20	生态环境和资源保护

附表 19 "公证机构管理问题"话题中关涉的前十条热点新闻

序号	标题	相似文章数	占比	来源网站
1	国务院督查组介入后 公证处被重组	9	10.11%	uc 客户端
2	为遗产隐瞒继承人 公证员如何"破案"	9	10.11%	腾讯新闻企鹅号
3	没有法律依据的说法理当叫停	9	10.11%	看点快报
4	今后这样转账可能涉嫌违法	9	10.11%	网易号
5	蚌埠一男子公证时谎称父亲去世多年	9	10.11%	腾讯新闻企鹅号
6	国有土地上房屋征收与集体土地征收的区分	9	10.11%	腾讯新闻企鹅号
7	【法眼观天下】公安部将严打这一行为	9	10.11%	腾讯新闻企鹅号
8	一"典"通：公正遗嘱不再是"老大"	9	10.11%	腾讯新闻企鹅号
9	占用防火通道盖起三层小楼	9	10.11%	ZAKER 新闻
10	是否侵犯了公民的个人隐私	8	8.99%	腾讯新闻企鹅号

附表 20　律师严重违反律师职业道德、欺诈委托人，做出多项失信行为的案例

行为概括	具体行为
在合同之外私自收费，违反了风险收费最高 30% 的有关规定	梁某律师除委托合同约定的 5 万元律师费外，还口头要求原告，如判决王某蓉、红云烟草败诉，申请人需另外按对方起诉标的 440 万元的 40% 支付律师费，这一事实当时在场的杨先生可证实
欺骗原告不提交案件的关键证据	原告与王某明前述借贷纠纷案的《和解协议》，该证据直到第三次开庭才在原告的再三坚持下提交法庭。梁某给出不提交的理由是该证据与案件无关，但该案二审改判认定股权转让协议内容不真实依据主要就是该《和解协议》
与相对方勾结，帮助捏造事实	第四次开庭时，红云烟草补充提交伪造的证据就是梁某和王某明一同谋划搞出来的，那些仓储证明、房屋合同、税单等都是伪造出来的证据，该案二审对这些证据一概没有采信。梁某不但帮案件的对方当事人王某明出谋划策，构陷原告，而且以原告代理律师的身份，提供虚假的法律意见，让原告在诉讼过程中陷于混乱和恐惧，试图迫使原告作出无原则的妥协，比如告诉原告该案必定败诉
开庭时间拒不到庭应诉，不对证据提供任何质证意见	（1）庭后，梁某对该 11 份证据中的前 3 份证据提交了书面意见。梁某的书面意见居然是"上述证据是在举证期限届满后提交的证据，不属于新证据，不予质证……证据属于境外形成，依法应当办理认证手续……" （2）判决书和梁某提交给法院的文件均表明，梁某没有对 11 份证据中的 8 份证据提供任何质证意见，梁某直接认可了该 8 份证据的真实性、合法性、关联性
恐吓原告去贿赂法官	梁某在案件办理过程中，无数次和原告说案件办理需要贿赂法官，需要活动经费

续上表

行为概括	具体行为
教唆、诱骗原告在法院对面骂一审经办法官	梁某对原告说，这样才能确保一审原告会胜诉
挑拨原告与二审律师的关系	梁某不断说他二审愿意免费继续代理未果，就让原告介绍他与金某隆律师见面，目的只是当面介绍该案的案情给金某隆了解。但是，与金某隆见面后，梁某就说服原告先行回家，自己留下与金某隆谈案情。梁某编造事实，净说原告的坏话，说该案二审肯定维持原判等不利原告的话，挑拨、离间原告与老朋友金某隆的关系，导致金某隆拉黑了原告的电话，原告从此与金某隆失联[①]

[①] 武某新与梁某、国信信扬律师事务所侵权责任纠纷案，参见广东省广州市越秀区人民法院（2019）粤0104民初37999号民事裁定书。

附表21 辩护人实施毁灭证据、伪造证据、妨害作证行为的相关案例
（以广东省为例）

序号	审理法院	案号	裁判内容
1	广东省茂名市中级人民法院	（2013）茂中法刑一终字第25号	本院认为，上诉人车某某无视国家法律，明知凌某某是李某某等人故意伤害朱某瑜一案的幕后指使犯罪嫌疑人，为使凌某某逃避法律追究，而利用其律师身份接受凌某某提供的资金，担任李某某的辩护人，在多次会见李某某时积极使用暗示、利诱等方式诱导李某某作出虚假供述，掩盖凌某某涉嫌故意伤害犯罪的事实，为司法机关依法查明案件事实制造了阻碍，侵害了司法机关正常的刑事诉讼活动，其行为已构成包庇罪，依法应予以刑罚①
2	广东省佛山市三水区人民法院	（2016）粤0607刑初25号	本院认为，被告人李某无视国家法律，身为辩护人，在刑事诉讼中故意引诱证人违背事实，改变证言，其行为构成辩护人妨害作证罪。公诉机关指控的罪名成立，本院予以采纳②
3	广东省广州市中级人民法院	（2019）粤01刑终1291号	上诉人徐某乐作为辩护人在刑事诉讼中引诱证人违背事实作伪证，其行为已构成辩护人妨害作证罪。原判认定事实清楚，证据确实、充分，定罪和适用法律正确，量刑适当，审判程序合法③
4	广东省高级人民法院	（2016）粤刑申276号	对于你（指李某明）提出的申诉理由，经查：1.你作为一名辩护律师，应当知道在汤某某强奸案中没有取得向被害人收集案件材料的权利，仍参与实施上述行为，违反了刑事诉讼法的相关规定。2.你作为一名执业律师，应当知道违背妇女意志，强行与妇女发生性关系是强奸罪的基本特征；

---

① 车某某辩护人、诉讼代理人毁灭证据、伪造证据、妨害作证案，参见广东省茂名市中级人民法院（2013）茂中法刑一终字第25号刑事裁定书。

② 李某辩护人、诉讼代理人毁灭证据、伪造证据、妨害作证案，参见广东省佛山市三水区人民法院（2016）粤0607刑初25号刑事判决书。

③ 徐某乐职务侵占，辩护人、诉讼代理人毁灭证据、伪造证据、妨害作证案，参见广东省广州市中级人民法院（2019）粤01刑终1291号刑事裁定书。

续上表

序号	审理法院	案号	裁判内容
4	广东省高级人民法院	（2016）粤刑申276号	是否违背妇女意志是认定强奸罪的关键。证人黄某某报案称在醉酒状态下遭受性侵害，显而易见，证人认为涉案性行为的发生违背了其意志。你在案发后单独与证人黄某某会见。证人黄某某称，你要求黄表示案发时的性行为是自愿发生的，而证人未同意。你在随后起草《郑重说明》等材料中也强调涉案性行为的自愿性，并交由被害人抄写。以上证据表明，你具有引诱证人违背事实改变证言的故意。3. 证人黄某某的证言及相关书证等证据证实，证人黄某某改变证言与你的行为有关。相关证言的改变将对案件性质的认定带来根本性的影响，足以妨害刑事诉讼活动的正常进行。综上所述，你申诉所提供的线索不足以否定原审认定的事实。你的行为妨害了司法，干扰了刑事诉讼活动的正常进行，原判并无不当①
5	广东省韶关市浈江区人民法院	（2016）粤0204刑初14号	综上，本院认为，被告人范某在担任欧某受贿案一审辩护人参与刑事诉讼期间，为了使辩护获得成功，欲用减少欧某受贿金额的手段以达到其委托人欧某减轻处罚的目的，明知在对证人调查时欧某本人在场或者是欧某亲自带来的，而不让作为受贿案件的当事人欧某回避，以至于证人可能作出有利于欧某的证言，故意采用语言劝导证人改记证言内容的手段，并告知证人改变之前的证言对证人没有影响，引诱证人违背事实，改变原有的不利于欧某的证言而作出的调查笔录，并向法庭出示，据此提出原来行贿人的此部分证言的数额系正常的劳务报酬，客观上妨碍了刑事诉讼

---

① 李某明辩护人、诉讼代理人毁灭证据、伪造证据、妨害作证案，参见广东省高级人民法院（2016）粤刑申276号刑事驳回申诉通知书。

续上表

序号	审理法院	案号	裁判内容
5	广东省韶关市浈江区人民法院	（2016）粤0204刑初14号	活动的正常进行，其行为已构成辩护人妨碍作证罪，应依法惩处。公诉机关指控被告人范某犯辩护人妨害作证罪的基本事实清楚，证据确实，罪名正确，本院予以采纳①
6	广东省茂名市茂南区人民法院	（2020）粤0902行初347号	依常理常情可见，此案虽为民事诉讼，但实质上也是刑事诉讼，在2018年6月6日开庭时，原告也主张了被告全责，也就是说，在法院没有判决之前，原告是有权主张自己的权利，且起诉状并非原告所写，而是受了欺骗的被迫默认。而开庭时，法官也问了原告母亲，代理律师崔某雄再重复一次。问原告母亲对被告二所做的《道路交通事故认定复核结论》认可与否，原告母亲回答认可。这已经超越了原告母亲的常识。原告母亲在当年已经69岁，是一个精神不太正常、没上过学、连自己名字都不会写的农村人。若问原告母亲交警说没有路牌，看原告母亲同意还是不同意。这也证明了有故意引诱的行为。而原告不管是在庭前还是庭后也提交了足够的证据，也证明了正由于三方共同故意妨害司法公正的行为而使被告牛某军逃避交通肇事罪的惩罚②

---

① 范某辩护人、诉讼代理人毁灭证据、伪造证据、妨害作证案，参见广东省韶关市浈江区人民法院（2016）粤0204刑初14号刑事判决书。

② 蔡某廷与茂名市公安局电白公安分局交通警察大队、广东省茂名市公安局交通警察支队、其他行政管理案，参见广东省茂名市茂南区人民法院（2020）粤0902行初347号行政裁定书。

附表22　公安机关提高执法效能的经验梳理（以广东、浙江为例）

	广东省①	浙江省②
措施	1. 强化服务支撑能力情况。在省政务大数据中心编目挂接102项数据资源，依托省政务大数据中心，对各级政府部门数据资源需求进行审批。 2. 优化服务供给方式情况。14项省级行政许可事项均已实现全流程网办（四级），整合各类办事服务平台，向企业和群众提供统一便捷的一网式服务，并且在广东政务服务网各部门窗口与部门其他服务渠道（站点、系统）同源提供相关政务服务。在省政务服务事项管理系统上完成取消、下放、委托、重心下移、移出事项的调整落实工作	1. 浙江省公安厅按照"省厅分设、地市统一、县区一体"的要求，在省市县三级公安机关建立情指行合成作战中心，在设区市主城区、县（市、区）主要城镇所在地派出所建立综合指挥室，形成垂直衔接的全网格局。在横向上，各级情指行合成作战中心业务范围覆盖全局主要业务工作，服务支撑各警种、部门实战。 2. 建立"组织架构+平台支撑+考评督办"机制。 3. 大力实施"云上公安、智慧警务"战略，全面加强前端感知网络建设，打通与政府、行业、企业数据融合渠道，实现对人员、车辆、物品等治安要素立体化态势感知，为基层提供强有力支撑

---

① 参见《广东省公安厅2020年行政审批和政务服务效能评价公告》《广东省公安厅2020年度行政审批和政务服务效能情况自评报告》，载广东省公安厅网（http://www.gdga.gd.gov.cn/jwzx/gggs/concent/post_3328822.html），访问日期：2021年10月8日。

② 《浙江：情指行一体化·警务效能新提升》，载《人民公安报》2021年2月8日第003版。

续上表

	广东省	浙江省
成效	14项省级行政许可事项均实现网上受理，网上受理率为100%，时限压减率为79.24%，平均跑动次数为0次，即办件事项数量为10项，即办事项识别为71.4%。2021年2月3日，省政务服务数据管理局就广东省公安厅2020年推进疫情防控、国考迎评、政务服务标准化、政务服务"四免"优化等工作专门发来感谢信	1. 据统计，自2017年10月平台开通至今，省厅合成作战中心已下发指令7.7万余条，接受全省各地、各警种请求服务1.8万余次，极大满足了实战需求。 2. 据统计，2020年，全省110电话接通率持续保持在99%以上，群众110重复报警数同比下降28.1%，既减轻了基层民警压力，又满足了群众对110报警服务快捷、高效的需求

附表23 公安机关强化执法监督的经验梳理（以广东、北京为例）

	广东省①	北京市②
措施	1. 广东省公安厅依据公安部异地办案协作"六个严禁"，制定印发广东省刑事办案协作办法，出台毒品犯罪案件管辖、涉案资产处置等执法指引。 2. 在全省部署开展公安执法办案场所智能化升级改造，实现执法对象全进程管控、执法活动全过程回溯，执法民警全方位接受监督。 3. 建设广东公安执法信息公开平台，提供刑事案件办理进度查询服务，公开公示行政处罚、行政强制执行等15类行政执法文书，群众可以通过"粤省事"微信小程序登陆平台，及时获悉执法信息	1. 率先创建具有"一站式办案、合成化作战、智能化管理、全流程监督"特点的公安执法办案管理中心。 2. 2016年11月，全国首家派驻公安执法办案管理中心检察室在北京挂牌成立，经历多年从实践探索到规范发展，目前，派驻检察室已经在北京16区公安分局执法办案管理中心配套运行
成效	1. 目前全省已完成553个智能执法办案场所的建设。 2. 平台上线以来为群众提供近1000万次执法信息查询服务，充分保障了公民、法人及其他组织的知情权、监督权	4年多来，朝阳区人民检察院在履行法律监督职责的同时，也在"朝阳医院伤医案"等许多重大、疑难刑事案件中加强与公安部门协作配合，形成对刑事犯罪的打击合力

---

① 《护航新征程 建功新时代 奋力推动新时代广东公安工作高质量发展——广东公安深入学习贯彻习近平总书记重要训词精神》，载广东省公安厅网（http://www.gdga.gd.gov.cn/jwzx/jwyw/content/post_3498290.html），访问日期：2021年8月30日。

② 《持续推进改革 打造"北京模式"——首都公检深化派驻执法办案管理中心检察机制》，载人民网（http://www.people.com.cn），2021年7月23日，访问日期：2022年1月31日。

附表24　化解"案多人少"矛盾的经验梳理（以广东、湖南为例）

	广东省①	湖南省②
措施	1. 对司法人员员额实行全省统筹； 2. 配强司法辅助人员，明确不同人员分工； 3. 大力推进繁简分流改革； 4. 重视开展诉前联调，在前端减少案件	1. 诉源治理化纠纷于诉外； 2. 分调裁审促审判质效提升； 3. 信息化解放审判"生产力"
成效	一定程度上缓解了案多人少的矛盾。2015年，全省法院结案同比增长12%，检察机关审结起诉数上升13.3%。但目前法院受案量仍在持续快速增长，案多人少，压力巨大，仍需要进一步深化司法改革	2018年，湖南省法院新收案件79.2万件，结案88.7万件，结收比112%，居全国法院第1位。2019年，湖南法院法定期限内结案率96.9%，结收比103.7%，分别居全国法院第2位、第3位，生效裁判服判息诉率达98.3%

---

① 参见吴春燕《广东深化司法体制改革　破解"案多人少"难题》，载《光明日报》2016年9月8日第004版。

② 参见刘沁《加强诉源治理　推动矛盾纠纷源头化解》，载《人民法院报》2021年8月4日第001版；《2018年湖南法院案件结收比达112%，居全国法院首位》，载新湖南网（http://www.m.voc.cn/wxhn/anticle/201901/201901221802064852.html），访问日期：2021年10月25日；米炎皇《2018年湖南法院结案88.7万件，居全国法院第一位》，载《长沙晚报》2019年1月23日。

附表 25　改进执法司法作风建设的经验梳理（以广东、四川为例）

	广东省	四川省
措施	试行《广东省法院关于改进司法作风的实施意见》三十条： 1. 完善便民措施，方便群众诉讼； 2. 规范司法行为，树立良好形象； 3. 拓宽民意沟通渠道，主动接受群众监督； 4. 转变调研作风，注重成果转化； 5. 精简文件会议，改进文风会风； 6. 简化接待出行，杜绝铺张浪费； 7. 加强监督检查，确保取得实效	1. 三严三实——以推进专题教育活动为契机； 2. 完善制度——健全错案防止和责任追究制； 3. 读书培训——分级分层办或选调干部参加； 4. 集中查处——摸排干警违纪违法案件线索； 5. 司法巡察——排查"软班子、不称职干部"； 6. 文化建设——推出全省法院十大品牌项目； 7. 干警培养——推进优秀年轻干警递进培养； 8. 形象展示——举办首届"三微"创作活动
成效	暂未查询到可供参考的数据	

附表26 加强执法司法监督体系建设的经验梳理（以广东、贵州为例）

	广东省①	贵州省②
措施	1. 全流程一体化监管； 2. 关键环节精细化监管； 3. 智慧审判全方位监管； 4. 审判机制制度化监管	1. 制定权力清单，明晰监督权限； 2. 细化案件标准，界定监督范围； 3. 明确发现方式，实现及时监督； 4. 强化监督管理措施，确保监督有效； 5. 依托信息系统，保障监督透明； 6. 严格考核奖惩，落实监督责任
成效	据统计，2019年，全省法院共新收各类案件254.3万件，审结251.9万件，比2015年分别上升88.2%和105.3%，结案增速快于收案增速，法官人均结案数336件，是2015年的3倍	2018年，通过加强审判执行中案件监督，贵州法院29个案件评估质效指标中有20个同比呈增益效果，一审服判息诉率达88.29%

---

① 参见《广东高院发布"加强司法制约监督"专题改革案例》，载中国新闻网（http://www.gba.china.com.cn/2020-12/04/content_41381682.html），访问日期：2021年10月8日；《广东省高级人民法院2019年工作报告》《广东省高级人民法院2015年工作报告》，载广东法院网（http://www.gdcourts.gov.cn），访问日期：2021年10月8日。

② 参见《贵州省高级人民法院关于审判监督工作情况的报告（2020年）》，载贵州人大网（http://www.gzrd.gov.cn），访问日期：2021年10月8日。

附表 27　强化司法体制配套改革的经验梳理（以广东、青海为例）

	广东省①	青海省②
措施	1. 完善审判权和审判监督管理权运行机制； 2. 健全矛盾纠纷化解体系和工作机制； 3. 推进法院队伍革命化、正规化、专业化、职业化建设； 4. 深化互联网司法和智慧法院建设	1. 信息化手段网上同步办案，院庭长"静默式"监管； 2. 开拓多元渠道，让人才招得进、留得住； 3. 推动和实施汉藏双语法官人才培养计划
成效	审判绩效不断向好。2017年，全省法院共新收各类案件178.9万件，审结178.7万件，分别比2016年上升15.0%和19.7%，法官人均结案246.2件，均创历史新高，人民群众来信来访稳步下降。2017年，院庭长直接审理各类案件50.2万件，同比上升20.1%。审判一线力量增加了17.3%	截至2019年，信访案件数量大幅减少，司改前，中央政法委督办的信访案件有88件，现在仅剩下3件；采取政府购买服务的形式，按照法官与书记员1.5:1的比例确定全省法院由省级财政保障的聘任制书记员名额836名，将原来由各级法院自行聘用的287名书记员吸收纳入省财政保障；开办的法律职业资格考试培训班通过率超过60%；全省藏区法院双语法官比例上升至12%

---

① 参见《完善审判制约监督体系　全面落实司法责任制　推动中国特色社会主义司法制度更加成熟更加定型》，载《人民法院报》2020年12月4日第002版；《广东省高级人民法院2017年工作报告》，载广东法院网（http://www.gdcourts.gov.cn），访问日期：2021年10月10日。

② 参见雷蕾《谱写雪域高原上的司改华章》，载《人民法院报》2019年12月16日第001版。

附表28 破除司法领域权力干扰的经验梳理（以广东、山东为例）

	广东省	山东省
措施	出台两个《细则》及《规定》①： 1. 对干预司法行为全程留痕； 2. 相关记录存入卷宗并报纪检； 3. 检察人员违规过问将报纪检； 4. 不如实记录将被追责	1. 各级政府定期向同级党委政法委函询政府系统领导干部干预司法活动、插手具体案件情况，政府系统县处级及以上领导干部每年报告干预司法活动、插手具体案件情况； 2. 实行政府系统领导干部干预司法活动、插手具体案件通报制度，必要时向社会公开； 3. 将防止干预司法有关规定列入司法行政部门组织的领导干部年度普法考试内容； 4. 微博直播大案、要案，整合三级法院新媒体，打造法治公开课
成效	暂无相关评估数据可供查询	

---

① 即《关于进一步落实领导干部干预司法活动、插手具体案件处理的记录、通报和责任追究规定的实施细则》《关于进一步落实司法机关内部人员过问案件的记录和责任追究规定的实施细则》《广东省行政应诉工作规定》。

附表29　法院内部探索推进"诉源治理"的经验梳理
（以四川省蒲江县法院为例）

	广东省	四川省（以成都市蒲江县法院为例）①
措施	暂未查询到相关信息	1. 建专家库帮助当事人评估上诉风险； 2. 法官以书面形式提供类似案件和二审判决的裁判文书； 3. "三会"② 监管审判质量全面提升治理成效
成效		2018年上半年，蒲江县法院共受理各类案件1709件，审结1270件，结案率74.31%，位居全市前列，均衡结案情况较好，严格落实了成都市中级人民法院"四位一体"抓办案工作要求。其中，共受理执行案件851案件，同比下降13.95%，上诉案件76件，同比下降9.52%，治理成效不断显现

---

① 参见周云峰、周冰洁、陈博《着力强化诉讼引导　推进内部"诉源治理"——蒲江县法院构建"夏生案件源头治理"机制初见成效》，载成都法院网（http://www.cdfy.scssfw.gov.cn），访问日期：2021年10月10日。

② 首先是开"审委会"，重点监管"同案不同判"。发挥审委会审判指导功能，制定类案审判指导，及时有效发现、纠正、预防"同案不同判"案件，统一裁判尺度；建立法官科学绩效评价制度，强调息诉服判率、改发率等重要指标，每周一督办，月度一分析，季度一通报，引导法官建立良好的办案新模式，提升案件质效。其次是开"专业法官会"，监管"两个重点"案件，将上诉较多的类案及案件、上诉较多的承办人纳入"重点案件、重点人员"管理清单，利用法官专业会议对重点案件法律适用提供咨询意见，统一裁判标准，对重点人员加强文书写作训练，提高一审案件质量，减少上诉案件。最后是开"执行局务会"，重点监管执行异议。审监庭庭长列席执行局局务会，源头指出执行异议案件办理中存在的问题，减少异议案件产生。

附表30　践行司法为民举措的经验梳理（以广东、江苏为例）

	广东省①	江苏省②
措施	1. 建设智慧法院，全面推行"数字化"和"网络化"审判； 2. 因地制宜建设特色法庭，深入基层登门化解纠纷； 3. 推进扫黑除恶攻坚战，审结一系列侵害群众利益的案件； 4. 拓展创新公共法律服务领域，构建融合开放的公共法律服务工作格局	1. 确立打造人民满意服务型司法行政机关的工作总思路； 2. 以加快公共法律服务体系建设，将法治成果普惠于民； 3. 以探索推进司法行政刑罚执行一体化提升维稳效能； 4. 以深化改革提升司法行政服务能力； 5. 以夯实基层基础提升司法行政整体效能； 6. 以打造过硬队伍为事业发展提供根本保证
成效	1. 2019年新收各类案件254.3万件，审结251.9万件，同比分别上升24.8%和22.4%；法官人均结案336件，同比上升21.4%；案件再审纠错率0.99‰，案访比连续下降。 2. 2018—2020年，广东法律服务网累计服务总量达1513.5万人次，年均增长率达38.4%，群众满意度超98%。 3. 2019年全省法院共审结涉黑案件1889件、判处罪犯8686人，重刑率达53.2%，对1040件涉黑涉恶案件判处财产刑20.4亿元，判决"套路贷"犯罪案件61件374人	截至2017年年底，全省司法行政队伍群众满意度达90%以上；12348热线来电92万余个，群众满意率97.29%，网站浏览量突破56万人次；共建立专业性行业性调解组织1579个，199个基层法院、派出法庭和89%的公安派出所建成调解工作室，基本形成"3531"调解网络，调解成功率达99.5%以上

---

① 参见《广东省高级人民法院2019年工作报告》，载广东法院网（http://www.gdcourts.gov.cn），访问日期：2021年11月3日；吴笋林、何生廷《广东完善法治建设总体布局　为高质量发展提供保障》，载《南方都市报》2022年2月19日。

② 参见丁国锋《以公共法律服务为统领建设人民满意的服务型司法行政机关》，载《法治日报》2017年9月18日第002版；丁国锋、张全连《打造人民满意服务型司法行政机关》，载《法治日报》2017年8月19日第002版。

参考文献

[1] 陈卫东. 改革 30 年中国司法之回顾与前瞻 [J]. 人民司法, 2009 (1).

[2] 陈卫东. 合法性、民主性与受制性：司法改革应当关注的三个"关键词"[J]. 法学杂志, 2014 (10).

[3] 陈卫东. 公民参与司法：理论、实践及改革——以刑事司法为中心的考察 [J]. 法学研究, 2015 (2).

[4] 陈卫东, 杜磊. 司法改革背景下规范司法行为的进路 [J]. 学习与探索, 2015 (11).

[5] 陈卫东. 以审判为中心：当代中国刑事司法改革的基点 [J]. 法学家, 2016 (4).

[6] 陈卫东. 十八大以来司法体制改革的回顾与展望 [J]. 法学, 2017 (10).

[7] 陈卫东. 中国司法体制改革的经验——习近平司法体制改革思想研究 [J]. 法学研究, 2017 (5).

[8] 陈金钊. "法治思维和法治方式"的意蕴 [J]. 法学论坛, 2013 (5).

[9] 陈金钊. "法治改革观"及其意义——十八大以来法治思维的重大变化 [J]. 法学评论, 2014 (6).

[10] 程志红. 浅析当前公证处存在的问题及解决对策 [J/OL]. (2015－01－23). https://www.xdsyzzs.com/gonggongguanli/522.html.

[11] 曹雅静. 司法改革蹄疾步稳, 司法公开纵深推进：最高人民法院发布司法改革、司法公开白皮书 [N]. 人民法院报, 2017－02－28 (1).

[12] 邓俊明. 当前诉讼调解中存在的问题及完善的对策［J/OL］.（2013-01-28）. https://www.chinacourt.org/article/detail/2013/01/id/817092.shtml.

[13] 段传龙. 作为共治主体的行业协会发展研究［D］. 重庆：西南政法大学，2019.

[14] 付会青. 对外委托司法鉴定存在的问题及应对措施［J/OL］.（2018-08-29）. https://www.chinacourt.org/article/detail/2018/08/id/3476639.shtml.

[15] 范愉. 我国司法改革顶层设计的条件和能力［J］. 法制与社会发展，2014（6）.

[16] 广东省司法厅建立败诉行政案件报告制度及行政机关负责人出庭应诉年度报告制度［J/OL］.（2020-10-25）. http://sft.gd.gov.cn/sfw/news/toutiao/content/post_3114009.html.

[17] 郭天武，卢诗谣. 我国刑事二审审理方式的异化与回归［J］. 华南师范大学学报（社会科学版），2020（2）.

[18] 顾培东. 中国司法改革的宏观思考［J］. 法学研究，2000（3）.

[19] 葛洪义. 顶层设计与摸着石头过河：当前中国的司法改革［J］. 法制与社会发展，2015（2）.

[20] 革言. 以改革之策务为民之实，以制度之变夯公正之基［N］. 人民法院报，2018-03-16（3）.

[21] 国家司法救助制度基本建立［N］. 光明日报，2015-12-8（3）.

[22] 广东省高级人民法院2018年工作报告［J/OL］.（2019-02-18）. http://www.gdcourts.gov.cn/index.php?v=show&cid=86&id=53160.

[23] 广东省高级人民法院2019年工作报告［J/OL］.（2020-04-15）. http://www.gdcourts.gov.cn/index.php?v=show&cid=86&id=55234.

[24] 广东省高级人民法院2020年工作报告［J/OL］.（2021-

08-13). http://www.gdcourts.gov.cn/index.php? v = show&cid = 86&id = 56229.

[25] 黄文艺. 中国司法改革基本理路解析[J]. 法制与社会发展, 2017 (2).

[26] 郝洪. 如何认识"政府零败诉"[N]. 人民日报, 2016-01-21 (5).

[27] 胡夏冰. 我国遗漏诉讼请求救济制度的改革和完善[N]. 人民法院报, 2009-09-29 (6).

[28] 侯猛. 司法的运作过程: 基于对最高人民法院的观察[M]. 中国法制出版社, 2021.

[29] 何帆, 林娜, 张嘉伟, 译. 美国联邦司法改革纲要: 上[N]. 人民法院报, 2016-09-23 (8).

[30] 何帆, 林娜, 张嘉伟, 译. 美国联邦司法改革纲要: 下[N]. 人民法院报, 2016-09-30 (8).

[31] 靳昊. 我国司法体制改革取得突破性进展[N]. 光明日报, 2015-09-22 (3).

[32] 蒋惠岭. 司法改革的知与行[M]. 法律出版社, 2018.

[33] 景汉朝. 十八大以来司法体制改革重大成就[J]. 董必武法学思想与中国特色社会主义法治理论研究文集, 2018.

[34] 金石. 我国民事检察制度改革研究[D]. 长春: 吉林大学, 2019.

[35] 简方勇. 败诉行政案件分析报告制度的探索与思考——以广东省为例[J]. 中国司法, 2021 (6).

[36] 蒋安杰. 就律师队伍建设、律师权益保障和违纪惩戒问题张军要求律师协会要"挺"在前面[J]. 中国律师, 2017 (9).

[37] 刘武俊. 行政机关要认真对待败诉的行政官司[N]. 中国审计报, 2020-11-11 (7).

[38] 李杰. 法官"机械司法"的博弈分析[J]. 法律和社会科学, 2012 (9).

[39] 刘贵祥. 加大信用惩戒力度, 建立联合信用惩戒机制——

《关于加快推进失信被执行人信用监督、警示和惩戒机制建设的意见》的解读 [N]. 人民法院报, 2016 – 09 – 26 (3).

[40] 李树训, 冷罗生. 论我国诉讼调解制度保障体系的完善 [J]. 华南理工大学学报 (社会科学版), 2019 (4).

[41] 李绍恒. 律师执业诚信问题研究 [D]. 长春: 吉林大学, 2019.

[42] 冷俊红. 当前司法鉴定存在的问题及对策浅议 [J/OL]. (2013 – 09 – 17). https://www.chinacourt.org/article/detail/2013/09/id/1084669.shtml.

[43] 罗书臻. 周强在全国法院基本解决执行难工作推进会上强调坚持以问题为导向坚决打赢基本解决执行难这场硬仗 [N]. 人民法院报, 2017 – 07 – 6 (1).

[44] 罗书臻. 最高人民法院通报司法责任制等基础性改革情况 [N]. 人民法院报, 2017 – 07 – 4 (2).

[45] 刘子阳. 我国完善法律援助制度取得积极成效, 扩大法援范围让更多群众受益 [N]. 法制日报, 2017 – 02 – 17 (1).

[46] 刘子阳. 郭声琨在政法口机构改革专项协调小组会议暨中央司法体制改革领导小组会议上强调: 统筹推进政法口机构改革和司法体制改革, 形成全方位深层次的政法改革新格局 [N]. 法制日报, 2018 – 05 – 19 (1).

[47] 刘德华, 史兆琨. 抛弃"卷宗主义"推进庭审实质化, 四川检察机关探索以审判为中心的刑事诉讼制度改革成效显著 [N]. 检察日报, 2017 – 07 – 6 (1).

[48] 廖奕. 转型中国司法改革顶层设计的均衡模型 [J]. 法制与社会发展, 2014 (4).

[49] 李少平. 全面推进依法治国背景下的司法改革 [J]. 法律适用, 2015 (1).

[50] 李洪雷. 恰当协调改革与法治的关系 [N]. 北京日报, 2013 – 05 – 13 (17).

[51] 刘振宇. 将法治进行到底——法治与改革学术研讨会综述

［J］. 环球法律评论，2014（4）.

［52］麦艳琳. 中国民事裁判立书释法说理的实证研究［D］. 广州：华南理工大学，2020.

［53］马怀德. "信访不信法"的现象值得高度警惕［N］. 学习时报，2010－01－25（5）.

［54］马渊杰. 周强主持召开最高人民法院司法改革领导小组会议强调加强督察狠抓落实推动司法体制改革全面落地见效［N］. 人民法院报，2017－07－05（1）.

［55］马长山. 司法改革中可能的"异化"风险"［J］. 法制与社会发展，2014（6）.

［56］马渊杰. 周强主持召开最高人民法院司法改革领导小组会议强调加强督察狠抓落实推动司法体制改革全面落地见效［N］. 人民法院报，2017－07－05（1）.

［57］孟建柱. 深化司法体制改革［N］. 人民日报，2013－11－25（6）.

［58］孟建柱. 完善司法管理机制和司法权力运行机制［N］. 人民日报，2014－11－07（6）.

［59］潘剑锋. 从日本第三次司法改革看我国司法改革存在的问题［J］. 法学，2000（8）.

［60］彭波. 中央政法委首次通报5起干预司法典型案例［N］. 人民日报，2015－11－07（5）.

［61］彭波，魏哲哲. 中央政法委通报七起干预司法典型案例［N］. 人民日报，2016－02－02（11）.

［62］钱武生. "五个突破"助力民事检察监督［N］. 检察日报，2018－12－07（3）.

［63］热词记录2015·政治［N］. 人民日报，2015－12－29（12）.

［64］沈德咏. 坚持依法治国与以德治国相结合，立足司法职能大力弘扬社会主义核心价值观［N］. 人民法院报，2017－04－20（1）.

[65] 宋小海. 民事抗诉论 [M]. 社会科学文献出版社, 2017.

[66] 孙莉. 论作为过程的司法改革的过程正当化 [J]. 法制与社会发展, 2014 (6).

[67] 慎海雄. 运用法治思维和法治方式推进改革 [N]. 光明日报, 2014-11-03 (2).

[68] 唐力. 民事审限制度的异化及其矫正 [J]. 法制与社会发展, 2017 (2).

[69] 汤火箭, 杨继文. 司法改革方法: 比较、问题与应对 [J]. 四川大学学报 (哲学社会科学版), 2016 (1).

[70] 汤仲兴. 公证业引入竞争产生的问题及对策 [J/OL]. (2007-04-17). http://sxsgzc.com/index.php?c=show&id=157.

[71] 王成斌. 珠海市基层检察院处理信访纠纷的对策分析 [D]. 长春: 吉林大学, 2012.

[72] 魏哲哲. 检察机关提起公益诉讼制度全面实施, 试点期间共办理公益诉讼案件逾九千件 [N]. 人民日报, 2017-07-03 (9).

[73] 王晨. 在全面依法治国实践中担当尽责沿着中国特色社会主义法治道路阔步前进 [J]. 中国法学, 2019 (6).

[74] 万毅. 转折与展望: 评中央成立司法改革领导小组 [J]. 法学, 2003 (8).

[75] 熊选国. 坚持问题导向激扬改革活力, 推进司法行政改革不断向纵深发展 [J]. 中国法律评论, 2017 (3).

[76] 熊秋红. 司法改革中的方法论问题 [J]. 法制与社会发展, 2014 (6).

[77] 夏锦文. 当代中国的司法改革: 成就、问题与出路——以人民法院为中心的分析 [J]. 中国法学, 2010 (1).

[78] 徐昕, 等. 中国司法改革年度报告 (2015) [J]. 政法论坛, 2016 (3).

[79] 肖静. 以罪犯再社会化为目标的监狱管理机制创新研究 [D]. 兰州: 兰州大学, 2019.

[80] 徐隽. 立案不再难, 审判压力大 [N]. 人民日报, 2015-

06-10 (11).

[81] 习近平. 坚持严格执法公正司法深化改革 促进社会公平正义保障人民安居乐业 [J]. 人民检察, 2014 (1).

[82] 习近平. 关于《中共中央关于全面推进依法治国若干重大问题的决定》的说明 [N]. 人民日报, 2014-10-29 (2).

[83] 习近平. 严格执法, 公正司法 [M] //十八大以来重要文献选编: 上, 中央文献出版社, 2014.

[84] 习近平. 以提高司法公信力为根本尺度 坚定不移深化司法体制改革 [J]. 人民检察, 2015 (7).

[85] 习近平在中共中央政治局第二十一次集体学习时强调: 以提高司法公信力为根本尺度坚定 不移深化司法体制改革 [N]. 人民日报, 2015-03-26 (1).

[86] 习近平. 在十八届中央政治局第四次集体学习时的讲话 [M] //习近平关于全面依法治国论述摘编, 中央文献出版社, 2015.

[87] 杨力. 中国改革深水区的法律试验新难题和基本思路 [J]. 政法论丛, 2014 (2).

[88] 颜茂昆, 张相军, 田文昌, 等. 推进严格司法, 提升司法公信力 [J]. 中国法律评论, 2017 (1).

[89] 张穹. 刑事法律监督是中国刑事法制建设的重要保障 [M]. 法律出版社, 2000.

[90] 张文显. 法哲学范畴研究 [M]. 中国政法大学出版社, 2001.

[91] 张文显. 全面推进依法治国的伟大纲领——对十八届四中全会精神的认知与解读 [J]. 法制与社会发展, 2015 (1).

[92] 张文显. 习近平法治思想研究 (下) ——习近平全面依法治国的核心观点 [J]. 法制与社会发展, 2016 (4).

[93] 张文显. 论司法责任制 [J]. 中州学刊, 2017 (1).

[94] 张文显. 治国理政的法治理念和法治思维 [J]. 中国社会科学, 2017 (4).

[95] 左卫民. 十字路口的中国司法改革: 反思与前瞻 [J]. 现

代法学，2008（6）.

［96］张洪涛. 司法之所以为司法的组织结构依据——论中国法院改革的核心问题之所在［J］. 现代法学，2010（1）.

［97］张智辉. 司法改革：问题与思考［J］. 国家检察官学院学报，2013（5）.

［98］张智辉. 司法体制改革研究［M］. 长沙：湖南大学出版社，2015.

［99］张明楷. 刑事司法改革的断片思考［J］. 现代法学，2014（2）.

［100］张金才. 党的十八大以来司法体制改革的进展及成效［J］. 当代中国史研究，2016（3）.

［101］曾洁赟. 广东发布2016年度行政诉讼白皮书，行政机关负责人出庭应诉增幅近五成［N］. 人民法院报，2017-07-10（1）.

［102］中央政法委首次通报五起干预司法典型案例［N］. 人民日报，2015-11-07（5）.

［103］赵婕. 筑牢政治忠诚 清除害群之马 整治顽瘴痼疾——广东推动政法队伍教育整顿落地落实［N］. 法治日报，2021-08-20（1）.

［104］2018年度广东省行政诉讼情况报告［J/OL］.（2019-09-18）. http://www.gdcourts.gov.cn/index.php?v=show&cid=226&id=54055.

［105］2019年度广东省行政诉讼情况报告［J/OL］.（2020-08-16）. http://www.gdcourts.gov.cn/index.php?v=show&cid=226&id=55545.

［106］2020年度广东省行政诉讼情况报告［J/OL］.（2021-08-05）. http://www.gdcourts.gov.cn/index.php?v=show&cid=226&id=56221.

后　　记

　　回首自己所走过的路，我何尝不是幸运的，学了心仪的专业，幸遇诸位恩师，成就了自己的职业。有人说，青春是一个短暂的美梦，当醒来时，它可能早已消失无踪。但幸运的是，梦醒时师长们用行动诠释和传递给我的未随时光而逝，反而愈加深刻地镌写在我的成长记忆里。

　　2020年春，我终于完成了因疫情而被一再推迟的入职手续。9月，即被安排与巢志雄老师合作为两个年级的法律硕士讲授民事诉讼法学课程，带着一丝忐忑和满心期待，我的教学生涯正式开始了。根据教学计划，我负责讲授程序部分，我职业生涯里的第一课也即以第一审程序开篇。

　　但属于科研序列的自己，该如何处理教学与科研的关系，却一度成为自入职以来每天不得不面对的问题。要耗费大量的时间备课、奔走于两校区间授课，虽每次课都被同学们满意的眼神与肯定的掌声所感动，一次次感悟到教学的真谛、燃起对教学的热情，但"躺在"评价机制里的各种考核最终还是会把自己"卷"得畏缩不前、犹豫彷徨。就这样煎熬地沿着这条路走了许久，其间被无数的矛盾和痛苦所充斥，耳畔更是不断回响"教学于你是一个多么奢侈的梦想，科研才是助你解决温饱的食粮"。但走着走着，不知在哪一瞬间豁然开朗，焦虑全无。一张张对知识热盼的笑脸，一次次课后微信、邮件传递的肯定与鼓励，都让我感受到了教师的价值所在，更让我深切地明白了教学与科研绝不是与生俱来的天敌。课堂应是一个教学实践与科研结合的绝美舞台，在这个舞台要努力成就各个角色的自己，在投入了真爱的课堂里方能随时发生奇迹。因此，我不能以完成科研任务为借口而荒废或牺牲掉我所钟爱的事业。诚如回复同学们的微信所言：

"定努力如你们所愿,永远保持对学生的热情,朝着一位好老师的目标奋进。"

  责任即是方向,经历就是资本。我不再纠结与彷徨,轻装上阵,努力在科研与教学的路上实现梦想。得益于中共广东省委政法委员会、广东省法学会年度委托重点项目"影响司法公正顽疾沉疴分析及解决之策研究",我对影响司法公正和制约司法能力的问题有所关注;更是在巢老师的建议和指导下,我开启了新时代司法体制改革相关问题的追问之旅。在此,向巢老师致以深深的谢意,感谢巢老师给予我的学术平台和研究空间,更要感谢巢老师在工作和生活中无微不至的关怀。同时,感谢人生道路上诸位先生的指导与提携,感谢中山大学法学院各位领导、同事的关照和鼓励,感谢中山大学诉讼法大家庭各位前辈、挚友的点拨和帮扶,感谢家人和亲朋们的包容与支持,感谢爱人的理解与信任,感谢文杰、东妮、罗云等学友的关心和帮助,感谢教职生涯里与各位学生的幸遇与相识,感谢那个愚笨但坚持的自己。

  最后,感谢中山大学出版社及编辑团队对本书出版付出的努力。

  徜徉在两年有余的科研与教学的溪流中,右岸是无法忘却的回忆,左岸是值得把握的年华,中间飞快流淌的是隐隐的伤感和偶有的犹豫。但我坚信,虽为一颗刚刚破土的嫩草,依旧可以为春天增添一抹新绿。

陈衍桥
2022 年 10 月 11 日
于中山大学南校园